Management public

65 schémas pour analyser et changer les organisations publiques

P.I.E. Peter Lang

Bruxelles · Bern · Berlin · New York · Oxford · Wien

Benoît Bernard

Management public

65 schémas pour analyser et changer les organisations publiques

© P.I.E. PETER LANG s.a.
Éditions scientifiques internationales
Bruxelles, 2018
1 avenue Maurice, B-1050 Bruxelles, Belgique
www.peterlang.com ; brussels@peterlang.com
Imprimé en Allemagne

ISSN 2034-5402
ISBN 978-2-8076-0860-3
ePDF 978-2-8076-0861-0
ePUB 978-2-8076-0862-7
MOBI 978-2-8076-0863-4
DOI 10.3726/b14408
D/2018/5678/75

Information bibliographique publiée par « Die Deutsche Bibliothek »

« Die Deutsche Bibliothek » répertorie cette publication dans la « Deutsche National-bibliografie » ; les données bibliographiques détaillées sont disponibles sur le site <http://dnb.ddb.de>.

Table des matières

CHAPITRE 1

Introduction

Les outils de gestion sont au cœur des administrations publiques. Ce constat d'entrée apparaît comme une évidence pour les acteurs du secteur public – qu'ils soient managers, chargés de mission, coordinateurs, collaborateurs, etc. – confrontés à l'avènement de la planification stratégique, des tableaux de bord ou encore des techniques de people management. Ces acteurs voient désormais leurs tâches structurées, encadrées, sinon contraintes, par des instruments[1] touchant, entre autres, à la qualité des services rendus, à l'implémentation de changements ou, plus largement, à l'évaluation de la performance.

Notre premier constat n'étonnera pas moins les praticiens et les chercheurs rompus à l'analyse des évolutions contemporaines du secteur public. Un des traits les plus symptomatiques du « New Public Management »[2] tient en effet dans l'importation – massive – au sein des organisations publiques d'instrumentations issues de l'entreprise privée[3] : les outils de gestion et singulièrement les instruments de mesure sont désormais des pièces maîtresses de l'action de l'État[4]. En bref, l'approche managériale s'installe dans le secteur public entraînant dans son sillage un vocabulaire, des méthodes mais aussi un modèle de pensée.

Une connaissance pratique en matière de gestion semble par conséquent indispensable à tout professionnel du secteur public. La conception, l'implémentation ou simplement l'emploi d'instruments de gestion impliquent, d'une part, le développement de compétences techniques mais également, d'autre part, une vue critique sur les forces et limites de ces instruments. Cette double optique sera celle adoptée dans cet ouvrage.

---

[1] Dans le cadre de cet ouvrage, il ne sera pas posé de distinction conceptuelle entre les termes outils, techniques, instruments ou instrumentation de gestion.

[2] HOOD, C. (1991). « A public management for all seasons ? ». *Public Administration*, 69, 1, 3-19.

[3] OSBORNE, D., GAEBLER, T. (1992). *Reinventing Government : How the Entrepreneurial Spirit is Transforming the Public Sector*. New York, Addison-Wesley.

[4] SALAMON, L.M. (2002). *The Tools of Government. A Guide to the New Governance*. Oxford, Oxford University Press.

Ainsi, à travers une série d'outils ou d'approches – présentés sous forme de schémas – l'ouvrage tentera de collecter les outils de base nécessaires à l'exercice d'une gestion publique contemporaine tout en maintenant l'objectif de les interroger quant à leur pertinence et leurs implications pour le domaine public.

Ainsi, loin de nous la volonté de succomber au « managérialisme », consistant à faire des outils de gestion des solutions généralisables à toutes les situations au point de ne plus distinguer les particularités du monde public. Au contraire, le management public n'a pas d'autre objectif que de s'intéresser aux techniques de gestion dans l'optique de leur adéquation aux besoins des organisations publiques, aux spécificités de leurs missions et aux attentes sociétales auxquelles elles doivent répondre.

L'ouvrage ne se limitera donc pas à dresser la liste des outils les plus fréquemment utilisés ou répondant à la mode du moment. Plus qu'une boîte à outils à destination du manager public, ce livre se veut une invitation à questionner la signification des outils de gestion pour l'action publique contemporaine.

1.1 Les outils de gestion dans l'action publique

L'utilisation croissante des instruments de gestion apparaît ainsi comme l'un des traits les plus distinctifs des réformes des administrations publiques[5]. Un premier écueil consisterait toutefois à considérer l'importance des dispositifs gestionnaires au sein des organisations publiques comme un phénomène strictement contemporain. L'apparition des instruments dans l'action publique n'est, en effet, pas chose totalement neuve et exige par conséquent de se situer dans le temps long.

Ainsi, l'histoire de la gestion et les travaux de W. Sombart (1916) en particulier, nous ont montré l'importance des outils – en l'occurrence de la comptabilité en partie double (datant du XIVe siècle) – sur le développement des économies capitalistes. Au cœur de ce principe comptable se trouve en effet une innovation technique fondamentale, à savoir celle de pouvoir saisir les possibilités de profit. S'il y a controverse sur la thèse de Sombart, l'idée force proposée tient dans le constat que les outils de gestion et le capitalisme sont indissociables[6] : d'une part,

---

[5]   LASCOUMES, P., LE GALES, P. (2004). *Gouverner par les instruments*. Paris, Presses de Sciences Po.

[6]   BOUSSARD, V. (2008). *Sociologie de la gestion. Les faiseurs de performance*. Paris, Belin.

l'invention d'un outil permet l'avènement d'un phénomène qui, d'autre part, assure sa persistance par le recours à cet outil. Loin d'une neutralité technique, un outil de gestion encapsule nécessairement des idées qu'il contribue à légitimer, diffuser et imposer[7].

Dans le cadre des administrations publiques, les travaux de M. Weber (1921)[8] ont montré combien, au tournant du XIXe siècle, le modèle bureaucratique s'est imposé en vertu de son cadre de référence rationnel-légal et de sa force d'exécution. Les caractéristiques du modèle sont en effet connues : une prédominance de la hiérarchie et du contrôle, une division formelle et impersonnelle des responsabilités, mais aussi une standardisation des procédés, une conformité aux règles ou encore le professionnalisme de ses membres. Au passage, on soulignera que l'efficacité de ce modèle – à l'origine instauré dans le secteur public – lui assurera son importation au sein des entreprises privées pendant des décennies. Ce qui intéresse plus précisément notre propos, c'est de relever combien les dispositifs mis en œuvre par le modèle bureaucratique (l'organisation d'armées permanentes, le développement d'un système fiscal, les transports et communication, etc.) ont contribué à asseoir la domination progressive de l'État : l'État, la bureaucratie et ses instruments entrent en symbiose afin d'assurer les moyens de la création et de la pérennité étatique[9].

Pour le dire autrement, l'histoire de l'État par ses instruments va dans le sens d'une rationalisation de la production des connaissances, des techniques de régulation et de contrôle des différents secteurs de la société permettant de renforcer son emprise. En réalité, si nous remontons encore plus loin dans le temps, c'est au XVIIe siècle que débute l'instrumentalisation de la gestion publique. Les royaumes achèvent de se constituer, les frontières se précisent davantage et il apparaît en parallèle la volonté des régnants de mieux connaître leur royaume. C'est dans le même temps la naissance de la préoccupation statistique (recensement de la population, inventaire des ressources, nombres de routes, de mines, etc., sur un territoire donné) et des instruments de classement, de mesure ou encore d'enquête.

Selon M. Senellart[10], on assiste par conséquent à une transformation de l'art de gouverner. Gouverner ne s'exerce plus uniquement en tant

---

7   ROSE, N. (1991). « Governing by Numbers : Figuring out Democracy ». *Accounting, Organizations and Society*, 16, 7, 673-692.

8   WEBER, M. (1995). *Économie et société*. Paris, Plon.

9   ELIAS, N. (1975). *La dynamique de l'Occident*. Paris, Calmann-Levy.

10 SENELLART, M. (1995). *Les arts de gouverner : du regimen médiéval au concept de gouvernement*. Paris, Seuil.

qu'affirmation et manifestation d'une autorité souveraine. Gouverner devient une fonction distincte (« le Roi règne mais ne gouverne pas ») et s'exerce alors sur des quantités (les richesses produites, les équipements civils ou militaires, les populations actives, etc.). Pour paraphraser M. Foucault, on ne gouverne plus tant les hommes, les âmes ou les volontés mais « les choses »[11].

L'instrumentalisation est dès lors un véhicule indispensable à la constitution des États modernes. Le déploiement d'instruments de connaissance et de mesure résulte d'un processus de rationalisation et de technicisation dont nous pouvons souligner deux implications fondamentales pour la gestion publique[12]. Premièrement, gouverner se fonde sur le développement des « sciences de gouvernement », à savoir la constitution et l'institutionnalisation de savoirs spécialisés au service de l'administration publique. Deuxièmement, disposer de chiffres, prendre connaissance de situations problématiques entraînent nécessairement le besoin d'y apporter des réponses : la connaissance exige dès lors l'action. Il en ressort de nouvelles responsabilités pour l'État et, plus encore, sa légitimé se lie *de facto* à la performance de son action.

1.2 L'attrait de la performance

La notion de performance est sans conteste la notion la plus symptomatique des réformes contemporaines. Son attraction est sans égal tant au niveau des projets de changement menés à l'échelle des administrations qu'au sein des discours et des pratiques des gestionnaires publics. La notion se diffuse par ailleurs aux différents niveaux de l'organisation de l'État et, plus encore, au sein des champs *a priori* les plus rétifs à l'introduction d'une pensée managériale (culture, justice, social, enseignement, etc.). Ainsi, le travail du manager public ne se limite plus à se préoccuper de la gestion de ressources de nature essentiellement budgétaire mais consiste à atteindre des résultats. En d'autres termes, l'axe de gravité de la gestion publique ne se situe plus au niveau des « inputs » (les ressources disponibles) mais au niveau des réalisations (les « outputs ») et des impacts des politiques publiques menées (les « outcomes ») : définir des objectifs, atteindre des résultats et les mesurer sont désormais les étapes constitutives d'une gestion publique orientée sur la performance.

[11] FOUCAULT, M. (1979). *Dits et Écrits II*. Paris, Gallimard.
[12] LAZZERI, C., REYNIE, D. (Dir.) (1992). *La raison d'État : politique et rationalité*. Paris, PUF.

Derrière la rationalité à toute épreuve sur laquelle se fonde ce triptyque, la notion de performance n'est pourtant pas sans soulever de questions. Comme nous le verrons dans cet ouvrage, l'approche par les trois « E » – résumant la performance aux aspects d'Efficacité, d'Efficience et d'Économie – n'est pas totalement satisfaisante dans la mesure où, par exemple, elle écarte les enjeux clés de politiques publiques que sont l'équité ou l'éthique. L'atteinte des résultats escomptés suffit-elle en effet à qualifier une organisation publique de performante ? De même, fonctionner avec moins de ressources constitue-t-il une performance au regard des missions d'une organisation publique ?

S'intéresser à la performance publique implique de couvrir un périmètre d'action élargi comprenant, parmi d'autres, des dimensions relatives à la satisfaction des destinataires d'une politique, au fonctionnement interne des processus, aux capacités d'expertise démontrées ou encore aux mécanismes de régulation d'un secteur, etc. La question de la performance publique est ainsi fondamentalement celle du critère, c'est-à-dire de la perspective à travers laquelle il est pertinent de poser l'évaluation de la performance d'une organisation[13].

Paradoxalement, la tendance « naturelle » en la matière est de se focaliser sur les réalisations d'une organisation (les « outputs ») – pour illustration, le nombre de dossiers traités au sein d'un tribunal, le nombre de transports en commun organisés sur une journée ou le nombre d'inspections menées au sein de l'industrie alimentaire. Or ces constats sur les réalisations ne livrent que très peu d'information sur les effets de l'action d'une organisation concernant le problème public traité (les « outcomes »), en l'occurrence, rendre la justice, améliorer la mobilité ou assurer la sécurité de la chaîne alimentaire. Faute de pouvoir mesurer le fondamental, on se limite à mesurer l'accessoire.

Néanmoins, les indicateurs de performance sont de plus en plus convoqués pour assigner des objectifs ainsi que pour comparer et évaluer les réussites et les échecs. En dépit de diverses mises en garde sur leur apparente neutralité technique – les données sont toujours un construit social indissociable des acteurs qui les conçoivent et les utilisent[14] – ou sur leurs effets pervers au niveau des comportements et des mécanismes

---

[13] POLLITT, C. (2018). « Performance Management 40 Years on : a Review. Some Key Decisions and Consequences ». *Public Money and Management*, 38, 3, 167-174.

[14] DESROSIERES, A. (1993). *La politique des grands nombres. Histoire de la raison statistique*. Paris, La Découverte.

organisationnels[15], la gestion des organisations publiques se caractérise par la profusion d'indicateurs de performance. Il en ressort une vision de la performance essentiellement quantitative, souvent au détriment d'une évaluation plus qualitative de l'action d'une organisation publique.

Au concret de la pratique, on admettra que l'exercice de définition des mesures n'est pas chose aisée : un indicateur est toujours une stylisation, un résumé de la réalité. Par ailleurs, les indicateurs de performance sont le plus souvent délivrés sur un mode rituel, comptable et dans une démarche orientée sur le contrôle[16]. Ainsi, paradoxalement, mesurer une performance n'implique pas forcément d'améliorer la performance globale d'une organisation. À nouveau, nous retombons sur cette question du critère, à savoir sur ce qu'une mesure cherche à mesurer et dans quel but. Selon la formule de G. Bachelard : « Il faut réfléchir pour mesurer et non pas mesurer pour réfléchir »[17].

En adoptant une approche plus technique, il est également essentiel de préciser qu'un enjeu primordial de l'évaluation de la performance est celui de l'unité d'analyse. L'atteinte des résultats escomptés par une organisation implique-t-elle que l'ensemble des services soient performants ? À l'inverse, la performance des processus internes ou des équipes induit-elle nécessairement la performance de l'organisation au regard de ses missions ? Ces questions simples soulèvent une question plus fondamentale, celle de la « propriété » de la performance : sur qui ou sur quoi repose la performance d'une organisation publique ?

Cette question est essentielle dans une optique de gestion de la performance au sens de la mise en place des moyens adéquats afin de répondre aux objectifs stratégiques[18]. En outre, nous touchons à une spécificité de la gestion publique dans la mesure où la réussite ou l'échec d'une politique peut être imputé à différents facteurs ou acteurs n'appartenant pas au périmètre formel de l'organisation. S'il est admis que les parties prenantes sont des acteurs déterminants du bon déroulement d'une politique, force est de constater que peu de démarches d'évaluation de la performance tentent de les intégrer.

---

15   BERRY, M. (1983). *Une technologie invisible ? L'impact des instruments de gestion sur l'évolution des systèmes humains.* Paris, École polytechnique, Centre de Recherche en Gestion.

16   POWER, M. (1997). *The Audit Society.* Oxford, Oxford University Press.

17   BACHELARD, G. (1975). *La formation de l'esprit scientifique.* Paris, Vrin.

18   MOYNIHAN, D.P. (2013). « Advancing the Empirical Study of Performance Management : What we Learned from the Program Assessment Rating Tool ». *American Review of Public Administration*, 43, 3, 499-517.

Ainsi, comme énoncé, les indicateurs de performance concernent le plus souvent des réalisations, à savoir les résultats des processus internes. En vertu de la fonction de rapportage des indicateurs, c'est aussi sur cette base que sera jugée une organisation quant à sa capacité à remplir les missions dont elle a la responsabilité. Or qui décide des indicateurs clés à mettre en exergue définit, dans le même temps, la nature même de la performance[19]. Ce constat soulève des questions d'importance, celles de savoir qui détient le pouvoir de décider du périmètre de l'action d'une organisation soumis à l'évaluation et dans quelles conditions de légitimité doit se définir ce qui constitue la « bonne » performance d'une organisation publique. S'occuper des outils de gestion implique nécessairement d'aborder les enjeux de gouvernance.

1.3 Les enjeux de la gouvernance

Comme nous le disions, la connaissance exige l'action. En retour, agir exige également de se justifier. Ces impératifs d'explication, de responsabilité et de transparence sont aujourd'hui synthétisés dans la notion « d'accountability » – un anglicisme désormais répandu mais pourtant issu du français « comptes à rendre »[20]. Malgré un faible consensus autour de cette notion de « reddition de comptes », l'idée force est qu'une organisation soit capable de montrer sa responsabilité, de répondre de son action et de ses aboutissements. En ce sens, performance et responsabilité sont deux concepts indissociablement liés : la reddition de comptes est d'abord liée au chiffre, à la mesure mais poursuit également l'enjeu d'une transparence démocratique envers les institutions et les citoyens.

La question de la relation entre démocratie et l'administration s'est traditionnellement posée à travers les conditions de conformité d'une organisation publique aux principes démocratiques. Dans ce cadre, le caractère rigide et la réputation d'inefficacité du modèle bureaucratique ne doivent pas faire oublier combien les traits d'impersonnalité, de standardisation et d'indépendance, inhérents au modèle théorique, ont contribué à satisfaire aux idéaux démocratiques. Or les organisations publiques sont désormais des structures qualifiées de « post-

---

[19] BERNARD, B. (2006). *Quand des gestionnaires se mesurent. Les indicateurs au centre de l'action collective*. Paris, L'Harmattan.

[20] BOVENS, M., SCHILLEMANS, T., GOODIN, R.E. (2014). « Public Accountability ». *The Oxford Handbook of Public Accountability*, Oxford, Oxford University Press, 1-20.

bureaucratiques » amenées à rencontrer les attentes des bénéficiaires de politiques, à aborder la diversité des problèmes publics dans leurs spécificités ou encore à renforcer les liens avec leur environnement sociopolitique. On le voit, les organisations publiques sont loin de tenir un rôle passif et sont, au contraire, à considérer comme des vecteurs d'une vision rénovée des pratiques démocratiques.

Ainsi, à la différence du modèle bureaucratique et des méthodes d'administration publique traditionnelles, il n'est plus question de se contenter de produire des règles ou d'allouer des subsides mais de développer des méthodes incitatives, de constituer des réseaux et de communiquer auprès des populations cibles. En bref, l'action publique contemporaine exige de déployer des capacités de régulation, en l'occurrence horizontale, entre les différentes parties prenantes d'un problème public, et cela au détriment d'une approche verticale et autoritaire[21].

Ces constats connus peuvent se lire à travers le prisme de la « gouvernance »[22]. Malgré le caractère abstrait, vague sinon « magique »[23] de la notion, celle-ci indique la nécessité de repenser le rôle du gouvernement dans une optique plus participative et impliquant étroitement, en réseaux, l'autorité publique, la société civile et le marché. Si la notion n'offre que peu de solutions opérationnelles aux questions des formes de coordination et de pilotage de l'action publique, la gouvernance met toutefois en relief le besoin de revoir les modèles de gestion publique en vertu des évolutions de la régulation politique[24].

Les relations entre les différents pôles du système politico-administratif sont en effet soumises à diverses transformations. Au nombre de celles-ci, on distingue par exemple les phénomènes d'agencification et de contractualisation entre les exécutifs et l'administration, une tendance à l'autonomisation et la responsabilisation des mandataires publics ou encore la recherche de simplification administrative et l'accent sur la qualité de service.

Il en ressort que les frontières entre l'administration et l'environnement sociopolitique sont de moins en moins étanches. On en veut pour preuve complémentaire la recrudescence de dispositifs tels que le financement privé d'activités publiques (les partenariats public-privé),

---

[21]   DURAN, P. (1999). *Penser l'action publique*. Paris, LGDJ.

[22]   OSBORNE, S. (2010). *The New Public Governance ?* New York, Routledge.

[23]   POLLITT, C., HUPE, P. (2011). « Talking about Government. The Role of Magic Concepts ». *Public Management Review*, 13, 5, 641-658.

[24]   BEVIR, M. (2013). « Une approche interprétative de la gouvernance ». *Revue française de science politique*, 3, 63, 603-623.

les politiques économiques de clustering ou encore l'externalisation de tâches traditionnellement dévolues au secteur public. Les logiques du public et du privé s'interpénètrent pour créer des situations qualifiées d'« hybrides »[25], façonnées au cas par cas par les protagonistes en présence, les domaines de l'action publique ou encore les traditions nationales. Si ce constat d'hybridation entre les secteurs public et privé n'est pas neuf[26], le phénomène prend toutefois une dimension fondamentale pour notre propos dans la mesure où il pose la question du périmètre de l'action de l'État ou, dans le vocabulaire consacré, la question du « Publicness »[27] s'interrogeant sur les particularités et la légitimité du secteur public face au brouillage des frontières entre les modes de gestion du public et du privé.

1.4 L'évolution des pratiques administratives

C'est également au quotidien des organisations que les conditions d'exercice des professionnels du public se transforment profondément. Sous l'impulsion du « New Public Management » (NPM), les réformes administratives impulsées depuis les années 1980 ont entraîné des changements radicaux au niveau des structures organisationnelles (création d'agences, structure hiérarchique aplatie, organisation matricielle, travail en petites unités, externalisation, etc.) et des individus (réforme du statut de fonctionnaire, prépondérance des résultats, responsabilisation individuelle, etc.).

En effet, les pratiques bureaucratiques classiques et les modèles culturels qu'elles véhiculent ne répondent plus adéquatement aux impératifs de performance et aux enjeux de satisfaction des usagers. L'avènement des outils de gestion au concret des organisations publiques doit ainsi se lire en termes d'une perte de légitimité – souvent profonde – des principes traditionnels sur lesquels sont fondées les administrations. Celles-ci ne représentent plus tant un ensemble de solutions potentielles pour la conduite de l'action publique mais la source même des problèmes de l'État[28].

---

[25] EMERY, Y., GIAUQUE, D. (2014). « L'univers hybride de l'administration au XXIe siècle ». *Revue internationale des sciences administratives*, 80, 1, 25-34.

[26] SELZNICK, P. (1949). *TVA and the Grass Roots : A Study in the Sociology of Formal Organization.* Berkeley, University of California Press.

[27] BOZEMAN, B. (1987). *All Organizations are Public : Bridging Public and Private Organizational Theories.* San Francisco, Jossey-Bass.

[28] BEZES, P. (2009). *Réinventer l'État. Les réformes de l'administration française (1962-2008).* Paris, PUF.

Le caractère dominant du NPM implique la mise en place d'autres méthodes et d'autres approches – en particulier issues du secteur privé – qui s'opposent point par point aux principes wébériens. La dissémination des recettes promues par le NPM est par ailleurs impressionnante : peu de pays, peu de niveaux institutionnels ou encore peu de domaines de l'action publique échappent au mouvement, au point tel que de nombreux observateurs posent l'hypothèse d'un « mimétisme »[29] dans la diffusion des principes du NPM. On remarquera néanmoins que l'implémentation de nouvelles pratiques est loin d'effacer automatiquement les plus anciennes[30]. Les administrations sont ainsi aujourd'hui les terreaux au sein desquels se mêlent « modernité et tradition ». Bureaucratie et post-bureaucratie s'entrecroisent et les mélanges de genres sont pléthore : il s'agit là d'une autre manifestation du phénomène d'hybridation.

Le tableau des évolutions des administrations publiques ne peut être complet que si l'on s'intéresse aux professionnels du secteur public, premiers destinataires des changements opérés[31]. Si les réformes peuvent laisser des traces profondes dans les textes légaux et les organigrammes, elles impulsent aussi et surtout de nouvelles formes de coordination, de nouvelles manières de faire et d'entrer en relation avec son environnement en même temps qu'elles redessinent les trajectoires de carrières professionnelles. En d'autres mots, « vues d'en bas »[32], les réformes exigent des agents publics qu'ils s'adaptent à de nouvelles attentes en termes d'implication (obligation de résultats *vs* obligation de moyens), qu'ils renouvellent leurs compétences (satisfaire les usagers *vs* assurer une égalité de traitement) mais aussi qu'ils s'inscrivent dans un « ethos » réputé moderne (performance *vs* défense de l'intérêt général). Or le basculement d'un cadre de référence à un autre ne s'opère pas naturellement et peut même conduire à des situations de résistance, de perte de sens sinon de souffrance au travail. L'empreinte managériale sur les pratiques administratives implique dès lors d'en mesurer l'impact sur les identités, l'éthique, les valeurs[33].

---

[29] DiMAGGIO, P.J., POWELL, W.W. (1983). « The Iron Cage Revisited : Institutional Isomorphism and Collective Rationality in Organizational Fields ». *American Sociological Review*, 48, 147-160.

[30] POLLITT, C., BOUCKAERT, G. (2004). *Public Management Reform. A Comparative Analysis*. Oxford, Oxford University Press.

[31] HORTON, S. (2006). « New Public Management : its Impact on Public Servant's Identity ». *International Journal of Public Sector Management*, 19, 6, 533-542.

[32] WILKIN, L., BERNARD, B. (Dir.) (2009-2010). « Les réformes de l'administration vues d'en bas ». *Pyramides*, volumes 17-18-19.

[33] DuGAY, P. (2005). *The Values of Bureaucracy*. Oxford, Oxford University Press.

Ces constats soulèvent des enjeux essentiels au niveau gestionnaire. Tout d'abord, tout mouvement de réforme, quelle que soit son ampleur, implique de se préoccuper de la capacité des destinataires du changement à s'approprier les évolutions escomptées au risque d'un empilement des nouveautés, de projets inaboutis ou de transformations superficielles. Comme développé plus avant dans cet ouvrage, un manager public se doit dès lors de porter son attention sur les conditions d'adhésion de ses collaborateurs ainsi que sur l'adéquation de son style de conduite. Ces grands principes sont d'autant plus fondamentaux que la gestion du changement se caractérise par un plus grand nombre d'échecs que de succès.

Sur le plan des identités, des valeurs et des motivations, on l'a dit, les logiques d'implication des agents publics sont en mutation : la défense de l'intérêt public, la sécurité d'emploi et la progression de carrière linéaire ont tendance à disparaître au profit d'une recherche de développement des compétences assurant la reconnaissance de son expertise et le renforcement de son employabilité. Toutefois, si les traits identitaires distinctifs du secteur public s'estompent, c'est nécessairement un nouveau « contrat » moral ou psychologique qui est à établir.

En corollaire, c'est le rôle du manager public qui se doit d'évoluer. Les compétences classiques en matière de direction, de contrôle ou de prise de décision s'additionnent de compétences relationnelles. Le leadership au sens d'une capacité à convaincre, à créer les adhésions ainsi qu'à assurer la coordination entre différentes parties prenantes devient une compétence indispensable face à l'atteinte de résultats. Le manager se transforme dès lors en leader : il ne s'agit plus d'assurer une fonction d'autorité mais d'établir une relation propice à la motivation et au développement de ses collaborateurs.

L'efficacité du leadership pose toutefois question au sein d'un secteur se caractérisant par sa complexité[34] : l'influence du politique, la multiplicité des décideurs, la diversité des parties prenantes, les incompatibilités potentielles entre objectifs ou encore une tendance au cloisonnement organisationnel sont autant de traits distinctifs du secteur public. Avec un brin de pessimisme, des auteurs qualifient même de « jobs impossibles »[35] certains métiers de gestionnaire public, par exemple dans le domaine de

---

[34] RAINEY, H.G., BOZEMAN, B. (2000). « Comparing Public and Private Organizations : Empirical Research and the Power of the A Priori ». *Journal of Public Administration Research and Theory*, 10, 2, 447-469.

[35] HARGROVE, E.C., GLIDEWELL, J.C. (1990). *Impossible Jobs in Public Management*. Lawrence, University of Texas.

l'enseignement ou de la justice. Le travail de manager au sein du secteur public est certes balisé par des contraintes légales, financières et humaines : en contrepoint, il est aussi affaire de créativité, de sens politique ainsi que de compétences stratégiques et relationnelles au service de la création de valeur publique[36].

1.5 De la pertinence des schémas en gestion

Tour à tour, cet ouvrage abordera sous forme de divers schémas les enjeux de gestion publique portant sur l'organisation, la stratégie, le développement personnel ou encore la conduite du changement. Un ouvrage récent avait déjà identifié « Les 100 diagrammes qui ont changé le monde »[37]. Une autre référence a répertorié « Les 100 schémas du management » de l'entreprise privée[38]. De manière plus ciblée, ce livre a pour ambition de livrer une vue synoptique des modèles, des outils et des approches en matière de management public.

Les schémas jouent un rôle central dans l'apprentissage. Ils ont pour fonction de synthétiser un propos, de représenter un fonctionnement complexe et de renforcer la mémorisation. L'approche choisie dans cet ouvrage cherche en ce sens à accompagner le lecteur dans sa compréhension des enjeux contemporains de gestion publique par une mise en exergue de schémas, de diagrammes. Par le biais de « tracés simplifiés », de « dessins », selon les étymologies respectives, les schémas proposés auront pour ambition d'approcher la « forme essentielle » des outils présentés.

Les schémas tiennent par ailleurs un rôle primordial dans la pensée et la pratique managériale[39]. De nature fondamentalement appliquée et concrète, les sciences de gestion utilisent tout particulièrement les schémas dans une optique de généralisation et de conceptualisation. Plus pragmatiquement, dans le cadre des interactions de travail, les schémas

---

[36] HARTLEY, J., ALFORD, J., HUGUES, O., YATES, S. (2015). « Public Value and Political Astuteness in the Work of Public Managers : the Art of the Possible ». *Public Administration*, 93, 1, 195-211.

[37] CHRISTIANSON, S. (2012). *100 Diagrams that Changed the World : From the Earliest Cave Paintings to the Innovation of the iPod*. New York, Plume Book.

[38] AUTISSIER, D., GIRAUD, L., JOHNSON, K.J. (2015). *Les 100 schémas du management*. Paris, Eyrolles.

[39] KAPLAN, S. (2011). « Strategy and PowerPoint : An Inquiry into the Epistemic Culture and Machinery of Strategy Making ». *Organization Sciences*, 22, 2, 320-346.

constituent des références communes, permettant de susciter les échanges de points de vue et favorisant la résolution de problèmes d'organisation.

Ainsi, à travers une série de quelques 65 schémas, ce livre se veut, tantôt une ouverture, tantôt un approfondissement, du comment et du pourquoi utiliser les outils du management public. Comme il a été dit, l'objectif de cet ouvrage n'est toutefois pas de réduire cette discipline à un ensemble de graphiques ou de considérer les évolutions des administrations publiques sous l'angle d'une collection d'instruments. Les schémas proposés ne sont pas une simplification à outrance de problèmes complexes mais offrent une synthèse des approches utiles en matière de gestion des organisations publiques. Comme déjà énoncé, nous sommes donc à l'antithèse d'une approche « managérialiste » considérant les outils de gestion comme des réponses génériques à des problèmes différenciés.

L'organisation, la stratégie, le développement personnel et la conduite du changement sont considérés ici comme les leviers principaux du manager public dans la diversité de ses fonctions. En ce sens, cet ouvrage s'adresse, certes, aux responsables hiérarchiques de la fonction publique, mais pas uniquement. En effet, on l'a souligné, de plus en plus de métiers du secteur public exigent des compétences relatives à la coordination, à la mobilisation des équipes ou des individus, au leadership, etc... En un mot à l'atteinte de résultats. Par ailleurs, l'approche choisie dans ce livre défend une vision extensive du management public : les modèles, outils et enjeux présentés s'adressent non seulement aux administrations au sens strict mais également à l'ensemble des organisations publiques (agences, hôpitaux, établissements scolaires, culturels, etc.), au monde associatif, aux ONG, etc.

Ainsi, tout professionnel du secteur public se doit désormais de pouvoir actionner les quatre leviers mentionnés et les utiliser face à une diversité de situations de gestion : *sur quelle base comprendre son organisation ? Comment s'adapter et répondre aux attentes de son environnement sociopolitique ? Qui sont les partenaires à privilégier ? Comment les mobiliser ? Comment motiver ses collaborateurs ? Qu'est-ce qu'un bon leader ? Comment changer si nécessaire ?*

Ces questions fondamentales seront traitées dans le cadre de cet ouvrage, sans toutefois prétendre à l'exhaustivité des réponses. Les schémas présentés ont été sélectionnés en vertu de leur caractère symptomatique, de leur applicabilité au secteur public, de leur force visuelle ou encore de leur impact réflexif. Ces schémas concernent en réalité des diagrammes, des tableaux, des matrices et des typologies. Ils comportent nécessairement une part d'abstraction. En contrepartie, les descriptions fournies tenteront d'en montrer les aspects pratiques à travers une trame commune :

- Comprendre le schéma ;
- Enjeu pour le secteur public ;
- Forces et limites de l'approche ;
- Implications managériales ;
- Bibliographie sélective.

Ce livre peut être lu en continu mais peut aussi, plus ponctuellement, servir de référence à consulter au gré des besoins face à un problème de gestion. Dans sa progression dans l'ouvrage, le lecteur est donc susceptible de suivre des chemins de traverse, un domaine d'intérêt ou une question appelant la lecture d'un chapitre puis d'un autre.

CHAPITRE 2

Les transformations des organisations publiques

2.1 L'approche managériale de la gestion publique

Schéma 1 : L'approche managériale

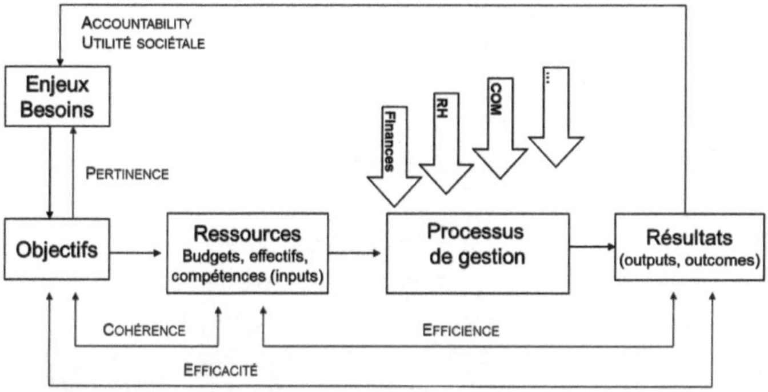

Comprendre le schéma

Le management public partage avec d'autres approches le souci de comprendre la nature des enjeux et des besoins sociopolitiques. Une de ses spécificités est de traduire ces enjeux et besoins en objectifs dont la poursuite sera soutenue par une série de techniques et de pratiques liées à la stratégie, au leadership ou encore, plus largement, à la gestion des organisations. Le management public implique dès lors d'assurer un lien de pertinence entre les objectifs formulés et les besoins sociopolitiques.

La définition d'objectifs, c'est-à-dire des finalités à atteindre, se situe par conséquent au cœur de l'approche managériale. Dans une approche gestionnaire, les objectifs constituent premièrement le moyen de clarifier la nature de la performance à atteindre (une augmentation des dossiers traités, une réduction des délais, une amélioration de la qualité des prestations, etc.). Sur cette base, après la prise d'action, les objectifs permettent ensuite de porter un jugement sur l'atteinte des résultats attendus : autrement dit, à l'aune d'objectifs prédéfinis, il est possible de mesurer le niveau de performance d'une organisation.

En ce sens, un concept de base en la matière est celui d'efficacité, à savoir la capacité d'une organisation à atteindre les résultats escomptés (augmenter de x % les scores aux enquêtes PISA, diminuer de x % le nombre de décès sur les routes, etc.).

L'approche gestionnaire implique également un pragmatisme des moyens. La gestion d'une organisation consiste en effet à œuvrer avec des ressources disponibles en termes de budget et de capacités humaines (des variables qualifiées d'« inputs », les « entrants »). Le travail du manager revient alors à trouver les adéquations les plus cohérentes dans l'allocation de ces ressources. Autrement dit, afin d'atteindre un objectif, il est opéré un travail de mise en relation, de combinaison entre différentes variables (finances, RH, communication, etc.) qui concourent à la réalisation d'un objectif : on parle ici de la « main visible des managers » (Chandler, 1977).

Un autre concept essentiel est dès lors celui d'efficience, à savoir la mise en relation des résultats atteints par rapport aux coûts engendrés (une augmentation de x % tel qu'escompté mais au prix d'un transfert de ressources important).

La gestion est donc de nature performative : gérer sans se préoccuper des résultats n'a que peu de sens pour l'approche managériale. Concernant les résultats, il est toutefois nécessaire d'éviter la confusion entre les concepts de réalisation (ce qui est « produit » par l'organisation ou « outputs ») et les impacts (les effets sur la société ou sur un public cible, à savoir les « outcomes »). En d'autres termes, si le management public est à la recherche d'efficacité et d'efficience, il se focalise sur une perspective d'utilité et de responsabilité sociétales (« accountability »).

Enjeu pour le secteur public

Derrière le caractère séquentiel et logique de l'approche managériale, le management public a pour ambition d'identifier la nature des attentes sociétales, de les traduire en objectifs et d'évaluer les performances obtenues par rapport à ces attentes.

Forces et limites de l'approche

L'approche managériale suppose la fixation préalable d'objectifs et la mesure des résultats atteints. Cette approche mobilise donc, en amont, les outils de la stratégie (compréhension de son environnement sociopolitique, développement d'objectifs en cascade aux différents niveaux organisationnels, etc.) et, en aval, les techniques et pratiques nécessaires à l'implémentation (leadership, gestion des compétences, motivation, évaluation, etc.).

L'approche privilégiée par le management public est régulièrement soumise à la controverse concernant la faible attention accordée aux logiques institutionnelles, au pouvoir structurant du droit public sinon même au rôle de l'État. En bref, il est souvent imputé au management public une volonté de minimiser les différences entre gestion privée et gestion publique. Pourtant, le management public est fondamentalement en recherche des méthodes qui peuvent soutenir la spécificité du secteur public, de son rôle et de son périmètre d'action – ce qui est qualifié de « Publicness » (Bozeman, 1987 ; Lynn, 2003).

Ainsi, le management public n'est pas tant animé par une transposition aux organisations publiques des principes de gestion – par exemple à travers les différentes fonctions gestionnaires (les ressources humaines, les finances, le marketing, etc.) – mais par la mise en exergue des outils et des processus nécessaires à la poursuite de la performance publique (Bartoli, 2015).

Implications managériales

Ainsi l'approche managériale aborde la gestion d'une organisation publique par le biais d'une série de notions :

- Pertinence : mes objectifs sont-ils les bons par rapport au problème, à un enjeu sociopolitique (par rapport aux enjeux de mobilité, faut-il par exemple augmenter le nombre de liaisons ferroviaires et dans quelle mesure) ;
- Cohérence : entre mes objectifs et les moyens alloués (par exemple, augmenter les liaisons ferroviaires de x % alors que les conducteurs de train en formation sont en nombre insuffisant).
- Efficacité : les résultats escomptés sont-ils atteints ? (par exemple, quel est le pourcentage d'augmentation de ces liaisons atteint ?) ;
- Efficience : à quel coût les résultats escomptés sont-ils atteints ? (par exemple, une augmentation du nombre de liaisons ferroviaires par rapport au coût de nouveaux matériels) ;
- Utilité sociétale : les résultats ont-ils eu un impact sur les besoins identifiés ? (quels ont été les effets de l'augmentation des liaisons ferroviaires sur la résorption des problèmes de mobilité ?) ;
- Accountability : l'organisation publique est-elle capable de transparence et de responsabilité face à ses prises de décision et ses résultats obtenus (par exemple, les liaisons ferroviaires ont-elles été développées dans

des plages horaires adaptées aux demandes, dans le respect d'autres investissements, en compliance avec les normes de sécurité, etc.) ?

Bibliographie sélective

BARTOLI, A. (2015). *Le management dans les organisations publiques*. Paris, Dunod.

BOZEMAN, B. (1987). *All Organizations are Public : Bridging Public and Private Organizational Theories*. San Francisco, Jossey-Bass.

CHANDLER, A. (1977). *The Visible Hand : The Managerial Revolution in American Business*. Cambridge, Harvard University Press.

LYNN, L.E. (2003). « Public Management ». In PETERS, B.G., PIERCE, J. *Handbook of Public Administration*. London, Sage, 14-24.

2.2 Les dimensions de la performance publique

Schéma 2 : Les dimensions de la performance publique

Comprendre le schéma

Efficacité et efficience sont deux dimensions clés de l'approche managériale (voir schéma 1). Un troisième « E », pour économie, est également un aspect essentiel dans un contexte de ressources limitées. Toutefois, l'évaluation de la performance publique ne peut se contenter des « trois E ». En effet, cette notion de performance n'est pas sans soulever une série de questions fondamentales : une organisation publique qui atteint ses objectifs annuels est-elle réellement performante ? De même, un département qui n'utilise que partiellement son budget ou qui fonctionne avec moins de personnel est-il nécessairement performant ?

Le travail d'évaluation passe nécessairement par une vue globale du périmètre des activités qui concourent à la performance d'une organisation publique. Pour rester dans cette logique des « E », il s'agit par exemple de se préoccuper de la notion d'équité (pour illustration, étendre plus largement l'accès aux services publics) ou d'éthique (à savoir respecter un système de normes établies). Dans le même ordre d'idée, la performance d'une organisation peut également se lire à travers la satisfaction des usagers (définie comme l'adaptation de l'organisation aux besoins des usagers). Dans une perspective de régulation, un critère de performance peut également se situer au niveau du degré de compliance d'un secteur aux règles fixées. D'autres perspectives de la performance peuvent aussi, par exemple, être liées à la qualité des relations avec les parties prenantes (ce qui contribue à assurer la légitimité et la pérennité de l'organisation) ou les autorités politiques (par des relations de confiance et un soutien), à la clarté et la pertinence des missions poursuivies ou encore aux capacités organisationnelles (par exemple, les capacités de planification, de pilotage mais aussi le niveau de motivation ou de compétences).

Enjeu pour le secteur public

Penser la performance publique dans la diversité de ses dimensions.

Forces et limites de l'approche

La performance publique doit se comprendre au regard de différentes perspectives telles que celles des usagers, des capacités organisationnelles, des relations aux parties prenantes ou encore de l'influence régulatrice d'une organisation publique. Pour prendre une image, la performance publique est un « puzzle » (Amirkhanyan *et al.*, 2014). Il en ressort que la notion de performance ne peut être considérée au cœur de la gestion publique qu'à la condition d'adopter une vision multi-facettes (Rainey et Steinbauer, 1999).

Implications managériales

La poursuite de performance est soutenue par quatre leviers fondamentaux du management : une approche stratégique (consistant à comprendre et à entrer en relation avec son environnement sociopolitique), l'organisation (à savoir choisir le véhicule organisationnel le plus approprié), le développement personnel des collaborateurs (créer une relation de confiance et renforcer les compétences individuelles) et les capacités de conduite du changement.

Ces différents leviers ainsi que les outils et concepts qui les soutiennent seront explorés dans cet ouvrage.

Schéma 3 : Les leviers du management public

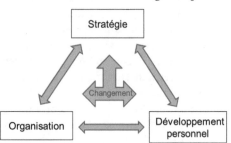

Bibliographie sélective

RAINEY, H.G., STEINBAUER, P. (1999). « Galloping Elephants : Developing Elements of a Theory of Effective Government Organizations ». *Journal of Public Administration Research and Theory*, 9, 1, 1-32.

AMIRKHANYAN, A.A., KIM, H.J., MAMBRIGHT, K.T. (2014). « The Performance Puzzle : Understanding the Factors Influencing Alternative Dimensions and views of Performance ». *Journal of Public Administration Research and Theory*, 24, 1-34.

2.3 Les évolutions du système politico-administratif

Schéma 4 : Les évolutions du système politique (adapté de Bouckaert, 2003)

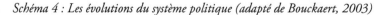

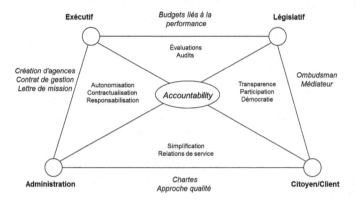

Comprendre le schéma

Le système politico-administratif connaît dans son ensemble une série de transformations reflétant l'importance prise par l'approche managériale. Ce schéma rend compte d'évolutions récentes au sein du système politico-administratif et, plus précisément, à travers les relations entre ses pôles principaux.

- Les relations entre le pouvoir exécutif et l'administration sont de plus en plus fréquemment caractérisées par la mise en place de dispositifs de décentralisation et de responsabilisation (par exemple par la création d'agences) ainsi que par la mise en exergue d'objectifs à atteindre (à travers les contrats de gestion, les lettres de mission, les mandats, etc.). Deux phénomènes qui vont donc dans le sens d'une autonomisation des gestionnaires et d'une contractualisation des relations politico-administratives.

- Les relations entre le pouvoir exécutif et le pouvoir législatif sont, par exemple dans différents pays, organisées autour de budgets liés à la performance. Ainsi, dans les cas de la LOLF – Loi organique relative aux Lois de Finances – en France, du GPRA – Government Performance and Result Act – aux USA ainsi que dans d'autres pays (Australie, Espagne, Autriche, etc.), les parlements exercent un contrôle de l'action du gouvernement sur la base d'une série d'indicateurs témoignant des résultats obtenus.

- Les relations entre l'administration et les usagers se caractérisent par une volonté de renforcer la satisfaction de ces derniers par la mise en place de programmes de simplification administrative et un accent sur les relations de service (qualité d'accueil et de service, capacité d'écoute et de réponse, guichet électronique, etc.).

- Les relations entre les usagers et le pouvoir législatif (ainsi que d'autres pôles) sont caractérisées par la nomination de médiateurs dans un souci général de transparence de la prise de décision.

Enjeu pour le secteur public

Comprendre de manière globale les évolutions du système politico-administratif et les dispositifs de gestion publique qui les caractérisent.

Forces et limites de l'approche

Derrière la mise en place de ces différents dispositifs se cachent en réalité des modifications profondes. Ainsi, les réformes du secteur public impliquent des conséquences, entre autres, sur les relations politico-administratives, les structures organisationnelles et les identités des agents du secteur public :

- Concernant les relations politico-administratives, les modèles classiques définissant soit la séparation nette soit une osmose entre la fonction publique et le politique sont désormais complétés par l'avènement de « marchés bureaucratiques » – ou « Public Service Bargains » (Hood et Lodge, 2006) – au sein desquels les formes de relations politico-administratives (niveau d'autonomie, de responsabilité, modalités d'action, etc.) sont négociées au cas par cas.

- Concernant les structures organisationnelles et la mise en place d'agences en particulier, de nombreux travaux ont identifié une tendance au morcellement des organisations publiques qui, d'une part, entraîne un chevauchement des responsabilités et, d'autre part, rend délicate la coordination entre agences (Christensen et Laegreid, 2007).

- Concernant les identités des agents du secteur public, la disparition du statut de fonctionnaire, l'introduction de l'avancement à la performance ou selon les compétences, mais aussi de nouvelles attentes professionnelles en termes de prise d'initiatives et de responsabilisation ont pour effet de bouleverser l'ethos du service public (Du Gay, 2005).

Implications managériales

Ces constats ont une portée générale à l'échelle des réformes administratives menées depuis une vingtaine d'années. Un autre constat tient dans l'idée que ces réformes entraînent un phénomène d'hybridation des organisations publiques (Denis *et al.*, 2015). À un niveau macrosociologique, cette hybridation se définit par l'établissement de nouvelles frontières entre les secteurs privé, public et associatif (par exemple, par l'intermédiaire de partenariats public-privé ou par l'externalisation au secteur privé de pans d'activités du secteur public). À un niveau plus micro, il est constaté une exportation lente et diffuse des valeurs et des pratiques marchandes (compétition, approche par les coûts, etc.) au sein du secteur public.

Bibliographie sélective

BOUCKAERT, G. (2003). « La réforme de la gestion publique change-t-elle les systèmes administratifs ? ». *Revue française d'administration publique*, 1-2, 105-106, 39-54.

DENIS, J.-L., FERLIE, E., VAN GESTEL, N. (2015). « Understanding Hybridity in Public Organizations ». *Public Administration*, 93, 2, 273-289.

Du GAY, P. (2005). *The Values of Bureaucracy*. Oxford, Oxford University Press.

HOOD, C., LODGE (2006). *The Politics of Public Service Bargains. Reward, Competency, Loyalty – and Blame*. Oxford, Oxford University Press.

CHRISTENSEN, T., LAEGREID, P. (2007). « Regulatory Agencies – The Challenge of Balancing Agency Autonomy and Political Control ». *Governance*, 20, 3, 497-519.

2.4 Les instruments de l'action publique

Schéma 5 : Les quatre formes d'instruments de gouvernement
(Hood, 1983 ; Hood et Margetts, 2007)

	N **(Nodality)**	**A** **(Authority)**	**T** **(Treasure)**	**O** **(Organisation)**
DETECTORS (Recherche de prise d'information)	• Recensement • Ranking, benchmarking • Enquêtes	• Évaluation des politiques publiques • Audits	• Indicateurs économiques • Taux d'inflation • Balance des paiements • ...	• Instituts de statistiques • Bureau du plan
EFFECTORS (Recherche d'impact sur la réalité)	• Communication politique • Communication de crise (alimentaire, sanitaire, ...)	• Normes • Codes • Licences (exploitation, exportation...)	• Subsides • Incitants, prêts • Bourses, allocations • Intérêts notionnels, zones franches	• Agences • Contrats • Délégation à l'associatif • Mise sur le marché (concessions)

Comprendre le schéma

La capacité d'un « gouvernement » à mener ses politiques passe, selon Hood (1983), par le déploiement de quatre formes d'instruments. Ces derniers se différencient par leur appartenance aux instruments de type « detector » – qui visent à l'obtention d'information – et de type « effector » – qui cherchent à influencer les comportements. Les quatre formes d'instruments sont reprises dans la typologie (NATO) suivante :

- « Nodality » : se réfère à la position particulière d'une organisation publique au sein d'un réseau ainsi qu'à sa capacité d'influence par le contrôle qu'elle détient sur les flux d'information (techniques de communication) ou les données de connaissance (par exemple statistique) ;

- « Authority » : se comprend comme la capacité à jouer un rôle d'autorité – autoriser, interdire, configurer, adjudiquer – en particulier par l'intermédiaire d'outils juridiques ou normatifs ;
- « Treasure » : constitue la possession d'un stock monétaire ou, plus largement, de ressources matérielles ;
- « Organisation » : est relatif à la détention de capacités humaines (militaires, policiers, fonctionnaires, experts, etc.) et en infrastructure (bâtiments, équipements, matériel informatique, etc.).

Enjeu pour le secteur public

Comprendre la nature et les effets des nouveaux outils de l'action publique.

Forces et limites de l'approche

La boîte à outils proposée par Hood montre parfois quelques limites à discriminer empiriquement l'appartenance d'un outil à une catégorie ou à une autre. La typologie NATO se révèle par contre utile afin d'observer les évolutions concernant les instruments de gouvernement privilégiés à une époque donnée. Par exemple, il est observé (Peter, 2013) que les instruments traditionnels fonctionnant par le financement direct d'une politique (par voie budgétaire) ou par la mise en application de textes légaux ne peuvent aujourd'hui se passer d'outils de communication (campagne médiatique, magazine, etc.).

Il est observé par ailleurs une tendance à privilégier les instruments de type incitatif (incitants financiers) ou faisant appel au contrat, à la décentralisation (agences), à la délégation (monde associatif) et aux mécanismes de marché (privatisation, concession). Il est ainsi intéressant de constater que ces instruments se caractérisent par la présence d'acteurs tiers et, en corollaire, par une action indirecte sur les domaines de l'action publique (Salamon, 2002). On ajoutera qu'au regard de ces caractéristiques, ces instruments indirects semblent également les plus difficiles à mettre en œuvre.

On le voit, les instruments de l'action publique sont des moyens d'orienter les relations entre le monde politique et la société, autrement dit entre les gouvernants et les gouvernés (Lascoumes et Le Galès, 2004). Il en ressort que les instruments de gouvernement ne sont pas que des choix techniques, ils font l'objet de controverses, de négociations et de compromis entre acteurs. Les instruments et les autres outils de gestion publique ne sont pas élaborés dans un vide social : ils ne peuvent être déliés des systèmes organisationnels au sein desquels ils suivent un itinéraire, qui en modifie le contenu, le sens et les usages. Comme déjà énoncé, ils reflètent également une manière de concevoir l'action publique, un modèle politique sinon même le rôle de l'État. Pour illustration, la notion de Produit intérieur brut (PIB) – élaborée pour des raisons de modélisation de politiques keynésiennes – est porteuse d'une conception productiviste de l'économie. On en vient ainsi à approcher ce que Foucault (1979) a qualifié de « gouvernementalité », c'est-à-dire la « manière dont on conduit la conduite des hommes » par des dispositifs à la fois techniques et sociaux qui organisent les relations entre la puissance publique et ses destinataires.

Schéma 6 : Les différents niveaux de lecture des instruments de gestion publique

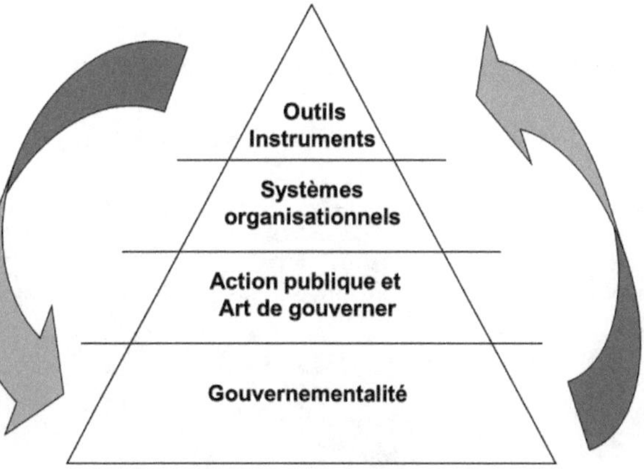

Implications managériales

La typologie de Hood montre toute sa plus-value afin d'identifier et de catégoriser des innovations dans le domaine des instruments de gestion publique tels que, parmi d'autres, les clusters ou pôles de compétitivité dans le cadre d'une politique industrielle, les obligations à impact social (« Social Impacts Bonds ») ou encore les « Community land trust » dans le domaine du logement public.

Comprendre les raisons qui conduisent à concevoir un instrument mais aussi et surtout leurs effets sur l'action publique ouvre la question de leur design. Parmi les critères d'évaluation des instruments, on retrouve leur adaptation aux objectifs escomptés, leur rapport coût-bénéfice, leur caractère opérationnel ou encore leur niveau de légitimité politique.

Bibliographie sélective

FOUCAULT, M. (1979). *Dits et Écrits II*. Paris, Gallimard.

HOOD, C. (1983). *The Tools of Government*. London, MacMillan.

HOOD, C., MARGETTS, H. (2007). *The Tools of Government in the Digital Age*. New York, Palgrave McMillan.

LASCOUMES, P., LE GALES, P. (2004). *Gouverner par les instruments*. Paris, Presses de Sciences Po.

PETER, J. (2013). « All Tools are Informational Now : How Information and Persuasion Define the Tools of Government ». *Policy and Politics*, 41, 1, 605-620.

SALAMON, L.M. (2002). *The Tools of Government. A Guide to the New Governance*. Oxford, Oxford University Press.

2.5 Les indicateurs de performance

Schéma 7 : La neutralité apparente des indicateurs

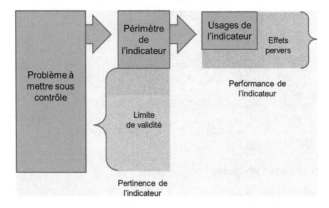

Comprendre le schéma

Les indicateurs et autres dispositifs de mesure sont des pièces maîtresses de l'action publique contemporaine (indicateurs de performance, « benchmarking », « ranking », etc.). Les indicateurs montrent leur intérêt lorsqu'il s'agit de fixer des objectifs, de comparer et d'évaluer les performances. Ils sont aussi au croisement des enjeux d'efficacité et de reddition de compte par les organisations publiques. Dans le cadre de la mise sous contrôle d'un enjeu, les indicateurs offrent ainsi la possibilité de promouvoir la poursuite d'un objectif, de motiver et de fédérer les individus autour de l'atteinte de résultats.

Dans le même temps, les indicateurs sont par définition une simplification du réel. Plus précisément, en assurant une fonction de problématisation – c'est-à-dire en offrant une vue synthétique sur la manière de percevoir et d'aborder un problème –, ils entraînent nécessairement un effet de cadrage. Autrement dit, un indicateur est toujours porteur d'une limite de validité par rapport à la spécificité d'un problème de gestion publique, à la complexité d'un phénomène ou à la diversité du champ d'action d'une organisation publique.

Pour comprendre la dynamique d'un indicateur, il est également indispensable de s'intéresser aux usages sociaux, en d'autres mots à l'influence d'un indicateur sur les comportements, sur la performance d'une organisation et, plus largement, sur la gestion publique. Pour illustration, un indicateur ciblant un nombre de dossiers à traiter ou un délai à ne pas dépasser peut entraîner une attention forcée sur les actions et les tâches qui contribuent à améliorer un score au détriment des missions premières ou d'autres activités qui ne sont pas mises sous contrôle.

Ainsi, l'introduction de systèmes d'indicateurs et de tableaux de bord a pour effet général de favoriser la poursuite des *outputs*, à savoir les réalisations rapidement observables du fonctionnement d'une organisation (un nombre de dossiers, des délais d'exécution, etc.), plutôt que de se focaliser sur les résultats d'une politique publique (les missions premières). Ce focus sur le court terme peut d'ailleurs être comparé à un phénomène de « myopie organisationnelle ». Sans la prise en considération de ces effets pervers, il apparaît paradoxalement un risque de renforcement des mécanismes bureaucratiques (Bernard, 2008a).

Enjeu pour le secteur public

Comprendre les forces et les limites des indicateurs pour l'action publique.

Forces et limites de l'approche

Pour utiliser une autre image, les indicateurs fonctionnent comme une « lampe torche » (Bernard, 2008b). Ces outils éclairent un problème mais, dans le même temps, le faisceau n'en illumine qu'une partie et, de surcroît, dans une direction précise. En effet, l'orientation du faisceau dépend surtout de l'acteur qui « dirige » la lampe torche. À travers un indicateur, on trouve une définition des acteurs qui participent à l'action publique ainsi que de la portée de leur influence.

Ainsi, les indicateurs de performance ne sont pas neutres (Bezes *et al.*, 2016). En amont, leur conception est le fruit de négociations, de rapports de force et de compromis. En aval, ils encadrent la manière de répondre à une mission d'intérêt public. Toutefois, l'élaboration d'instruments de gestion repose également sur des conventions, des accords reconnus comme légitimes au sein d'un groupe et favorise par conséquent la coopération. Les indicateurs se caractérisent ainsi par leur double nature : ils louvoient entre contraintes et ressources, entre une capacité à imposer un modèle de comportement dominant et une capacité à offrir aux acteurs une prise sur l'action (Chiapello et Gilbert, 2014).

Implications managériales

Ces constats sont un appel à trouver le sens de la mesure. Concrètement, un principe de base de l'élaboration d'un indicateur est de mettre en cohérence sa finalité (ce que l'on veut mettre sous contrôle) et la façon de le mesurer (son mode de calcul). L'utilisation d'un indicateur ne peut donc se passer d'une fiche descriptive définissant son domaine de validité, son cadre d'interprétation et sa formule de calcul.

Schéma 8 : Un exemple de fiche d'indicateur

Turnover (taux de rotation de l'emploi)	Finalité : **Evaluer la capacité de rétention du personnel**		
Formule de calcul		**Méthode de mesure**	**Périodicité**
$\dfrac{[\sum des\ départs + des\ arrivées] \div 2}{Effectif\ au\ 31\ décembre\ de\ l'année\ N-1}$		Base de données	Annuelle
Responsabilités		**Valeur cible**	**Représentations**
Responsable : X	Accountable : Y	5%	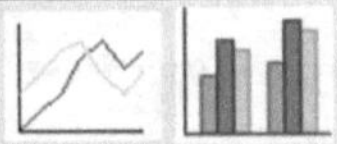
Balises et limites d'interprétation Cet indicateur prend en considération le personnel technique et administratif. Il peut toutefois être ventilé par fonction, département, âge... La base de données reprend le personnel sur le pay-roll et exclu par conséquent le personnel intérimaire.			

Bibliographie sélective

BERNARD, B. (2008a). « Emerging Indicators and Bureaucracy : from the Iron Cage to the Metric Cage ». *International Public Management Journal*, 11, 4, 463-480.

BERNARD, B. (2008b). « L'action publique par les indicateurs : éviter l'effet lampe torche ». *Cahiers des sciences administratives*, 18, 33-45.

BEZES, P., CHIAPELLO, E., DESMAREZ, P. (2016). « Introduction : la tension savoirs-pouvoirs à l'épreuve du gouvernement par les indicateurs de performance ». *Sociologie du travail*, 58, 347-369.

CHIAPELLO, E., GILBERT, P. (2014). *Sociologie des outils de gestion*. Paris, La Découverte.

2.6 Les réformes des administrations : de la bureaucratie au NPM

Schéma 9 : De la bureaucratie au New Public Management

	BUREAUCRATIE	NEW PUBLIC MANAGEMENT
STRUCTURE TYPE	Ministères : • Forte spécialisation du travail et hiérarchie • Règles impersonnelles • Séparation des fonctionnaires et des moyens d'administration	Agences : • Flexibilité (structure matricielle, projets…) • Individualisation (évaluations des compétences, des performances) • Autonomisation, fongibilité budgétaire
GESTION DES RESSOURCES HUMAINES	• Recrutement par concours • Affectation sur base d'un diplôme • Garanties de carrière, sécurité d'emploi	• Employabilité • Compétence • Mandats
RELATIONS POLITICO-ADMINISTRATIVES	• Centralisation	• Décentralisation, autonomisation, contractualisation externalisation, privatisation, partenariats
MODE DE CONTRÔLE	• Ex-ante	• Ex-post
LÉGITIMITÉ	• Régularité et conformité • Responsabilité de moyens • Accent sur les règles de droit	• Efficacité et économie • Responsabilité de résultats • Accent sur les outils de gestion
TRAITS DE CULTURE ADMINISTRATIVE	• Prudence administrative • Faible ouverture à l'environnement	• Liberté managériale, innovation et prise de risque • Adaptation à l'environnement

Comprendre le schéma

Le modèle bureaucratique se caractérise par une série de traits tels qu'une division du travail formelle, une structure hiérarchique clairement définie, un système de règles impersonnelles, stables et explicites, un recrutement par concours (sur la base d'un diplôme et impliquant des garanties de carrière) et enfin, une séparation des fonctionnaires et des moyens d'administration.

Ce rappel est utile dans le sens où, point par point, ces traits ont tendance à disparaître ou à s'articuler avec de nouvelles caractéristiques (ou phénomène d'hybridation). Pour exemple, l'introduction de l'évaluation des performances ou des compétences tend à remettre en question le caractère impersonnel des règles puisque ces outils impliquent par définition une approche plus individuelle, au cas par cas. Pour autre exemple, la logique d'autonomisation gestionnaire et budgétaire que l'on observe dans le cadre de la création des agences tend à modifier la forme de séparation entre les fonctionnaires et les moyens d'administration.

Nombre de ces transformations sont imputables à l'avènement du New Public Management (NPM). Ce modèle de gestion publique constitue le cadre de référence dominant des réformes contemporaines dans le secteur public. Le modèle se caractérise par la mise en place d'innovations organisationnelles (le pilotage de la performance, une flexibilité dans l'organisation du travail ainsi qu'au niveau des modalités de recrutement et de promotion, etc.) et institutionnelles (contractualisation, mandats gestionnaires, création d'entités administratives autonomes, externalisation, privatisation, partenariats, etc.). De manière plus générale, les traits transversaux du NPM sont les suivants :

- La prépondérance des outils et des méthodes du management ;
- La mise en exergue du rôle du leadership et de l'autonomisation des managers par rapport au politique ;
- La création d'agences et le développement de la contractualisation ;
- La valorisation de la notion de performance (aux niveaux organisationnel et individuel) et un accent sur l'évaluation des résultats ;
- Un engouement pour les outils de l'entreprise privée (le management public est d'ailleurs perçu comme identique au management privé) ;
- La mise en concurrence, l'utilisation de la sous-traitance et du travail temporaire.

Enjeu pour le secteur public

Comprendre les traits constitutifs des réformes transformant en profondeur les organisations publiques.

Forces et limites de l'approche

Ainsi, les grands principes du NPM trouvent leur origine dans une recherche de rationalité économique (réduction du poids de l'État), une croyance dans la pertinence de la mise sur le marché (désengagement de l'État, marchandisation) et une attention au rôle du management et des managers dans le contrôle des moyens (« value for money », rapport coût/ efficacité). Par ailleurs, le NPM trouve ses fondations dans les théories du « Public Choice », la « Théorie de l'Agence » et l'« École des coûts de transaction » (Gruening, 2001).

Toutefois, ce courant est loin d'être aussi homogène qu'il le prétend (Hood, 1991). Malgré une cohérence affichée entre un contenu théorique et les pratiques mises en œuvre, divers auteurs (Pollitt, 1990 ; Bezes, 2005) parlent plutôt d'un « Puzzle doctrinal », d'un syncrétisme, c'est-à-dire d'un ensemble hétérogène de savoirs pratiques, de doctrines, d'expériences et de croyances. Le NPM se présente également comme un mouvement universel dont les recettes seraient génériques et transposables. Pourtant, malgré un certain mimétisme des outils privilégiés au sein des administrations publiques, se cache en réalité une diversité des trajectoires nationales d'implémentation des réformes (Politt et Bouckaert, 2004). Ces derniers auteurs ont ainsi identifié quatre types de « stratégie », de trajectoire conduisant à la mise en place des réformes à la profondeur variable :

- « Maintain » : le maintien se définit par un renforcement des contrôles traditionnels sur l'administration afin de résoudre les problèmes de coûts : la réduction des dépenses, le gel des recrutements, l'amélioration du droit administratif, etc. Cette trajectoire est de toute évidence la moins perturbatrice pour les organisations publiques ;
- « Modernize » : la modernisation suppose l'introduction de méthodes innovantes en termes de flexibilité, de responsabilité, d'autonomisation (gestion budgétaire, gestion des ressources humaines, prestation de services, etc.) mais aussi de participation citoyenne. Il y a ici un impact sur les pratiques de gestion tout comme sur les valeurs ;
- « Marketize » : il est ici fait appel au marché concernant la délivrance de services au public. La mise en compétition concerne également les organisations publiques dont la survie dépend de leur efficience et leur efficacité ;
- « Minimize » : cette stratégie consiste à opérer une contraction de l'État par des mouvements généralisés de privatisation et de sous-traitance.

Implications managériales

Malgré son appellation, le NPM n'est plus tout à fait nouveau. Il a, en tout cas, marqué de son empreinte les réformes administratives au tournant du XXIe siècle. Concernant ses effets les plus tangibles sur les structures publiques, on peut relever à la suite de Peters (2006) une série de constats transversaux :

- Un renforcement du rôle et de l'autonomie des managers au détriment d'anciennes formes de responsabilité entre le monde politique et l'administration. On ajoutera que cette autonomisation s'accompagne dans le même temps d'un mécanisme de contrôle à distance sur les entités décentralisées par la mise en place de divers instruments de gestion (indicateurs, tableaux de bord, audits, etc.). Par ailleurs, renforcer l'autonomie managériale répond également à une volonté politique de transférer la responsabilité d'éventuels échecs d'un programme sur les gestionnaires publics (« Blame avoidance »).

- Une accentuation des problèmes de coordination et de coopération entre les entités administratives. La multiplication d'organisations décentralisées (telles que les agences) entraîne inévitablement des difficultés de coordination de l'action publique (chevauchement des programmes, conflits de priorité, absence d'approche intégrée et de vue d'ensemble, etc.). Dans des situations de mise en comparaison des organisations décentralisées, peuvent même être observés des mécanismes de mise en compétition, par exemple pour l'obtention de ressources, conduisant à des difficultés de coopération.

- L'intervention accrue du secteur privé dans l'administration. Cette intervention se matérialise par des mouvements de privatisation et d'externalisation d'activités souvent liées à des métiers de type support (comptabilité, informatique, etc.) mais également à des rôles régaliens (sécurité, prisons, etc.). On ajoutera l'influence jouée par les cabinets de consultance et certaines organisations internationales (telles que le groupe PUMA de l'OCDE) dans la diffusion des recettes du NPM. D'une manière générale, il en ressort une forme de technocratisation et de standardisation des pratiques de gestion : importation de standards internationaux, réformes « clés sur porte », « isomorphisme » (DiMaggio et Powell, 1983).

- Une modification des structures de carrière provoquant une perte de mémoire organisationnelle. Les processus d'externalisation et de réduction drastique des effectifs peuvent conduire, en effet, à des ruptures dans le transfert de connaissances entre générations et donc à réduire la gamme des savoir-faire au sein d'une organisation.

Toutefois, le NPM doit aussi se comprendre à travers des mouvements post NPM : diverses appellations vont dans le sens d'une volonté de dépasser les limites et les effets pervers du NPM (« Joined up Government », « Holistic Governance », « Whole-of-Government », déagencification, coordination interministérielle, etc.). Parmi ces initiatives, on peut identifier les travaux tels que la « Digital-Era Governance » (Dunleavy *et al.*, 2006), le « New Public service » (Denhardt et Denhardt, 2000), le « Nouvel État Wébérien » (Bouckaert, 2003), la « New Public Governance » (Osborne, 2010) ou encore le « Public Value Management » (Moore, 1995).

Bibliographie sélective

BEZES, P. (2005). « Le modèle de "l'État-stratège" : genèse d'une forme organisationnelle dans l'administration française ». *Sociologie du travail*, 47, 431-450.

BOUCKAERT, G. (2003). « La réforme de la gestion publique change-t-elle les systèmes administratifs ? ». *Revue française d'administration publique*, 1-2, 105-106, 39-54.

DENHARDT, J.V., DENHARDT, R.B. (2000). « The New Public Service : Serving rather than Steering ». *Public Administration Review*, 60, 6, 549-559.

DiMAGGIO, P.J., POWELL, W.W. (1983). « The Iron Cage Revisited : Institutional Isomorphism and Collective Rationality in Organizational Fields ». *American Sociological Review*, 48, 147-160.

DUNLEAVY, P., MARGETTS, H., BASTOW, S., TINKLER, J. (2006). « New Public Management is Dead – Long Live Digital-Era Governance ». *Journal of Public Administration Research and Theory*, 16, September, 467-494.

GRUENING, G. (2001). « Origin and Theoretical Basis of New Public Management ». *International Public Management Journal*, 4, 1-25.

HOOD, C. (1991). « A Public Management for All Seasons ? ». *Public Administration*, 69, 1, 3-19.

MOORE, M. (1995). *Creating Public Value : Strategic Management in Government.* Cambridge, Harvard University Press.

OSBORNE, S.P. (2010). *The New Public Governance ?* New York, Routledge.

PETERS, B.G. (2006). « Nouveau Management Public ». In BOUSSAGUET, L., JACQUOT, S., RAVINET, P. *Dictionnaire des politiques publiques*, Paris, Presses de Sciences Po, 306-313.

POLLITT, C. (1990). *Managerialism and the Public Services. The Anglo-American Experience.* Oxford, Blackwell.

POLLITT, C., BOUCKAERT, G. (2004). *Public Management Reform. A Comparative Analysis.* Oxford, Oxford University Press.

2.7 Un exemple de modèle post-NPM : le Public Value Management

Schéma 10 : Le « triangle stratégique » de Moore (1995)

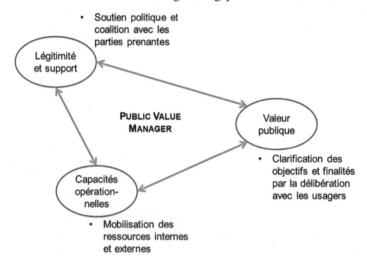

Comprendre le schéma

Parmi les modèles post-NPM, le « Public Value Management » (PVM) met en exergue la création de « valeur publique » en tant que cadre de référence principal de la gestion de la performance publique (Moore, 2005 ; Bozeman, 2007). Par valeur publique, Moore (2005) entend « l'ensemble des bénéfices que l'activité des managers du service public permet de produire pour la société ». Selon l'auteur, le rôle des managers publics est ainsi de s'assurer que les objectifs poursuivis impliquent une création de valeur pour les populations concernées (en l'occurrence par le débat et la délibération quant aux finalités à atteindre), d'obtenir le support des autorités publiques et des parties prenantes (en obtenant légitimité et support) mais également de s'assurer que les objectifs soient supportables sur le plan des ressources (accent sur les capacités opérationnelles). Ces trois pôles constituent les points cardinaux d'un « triangle stratégique » dont la mise en adéquation est censée assurer la création de valeur publique.

Enjeu pour le secteur public

Renforcer les liens de cohérence entre les objectifs poursuivis par une organisation et la valeur publique exprimée par les citoyens.

Forces et limites de l'approche

L'intérêt du concept est qu'il cherche à intégrer la mise en œuvre de finalités rencontrant les besoins sociaux, les questions d'implémentation et la participation démocratique (Bryson *et al.*, 2014). En ce sens, le Public Value Management tente d'établir un compromis entre un accent sur les enjeux démocratiques et un accent sur les enjeux d'efficacité.

L'idée force du PVM est, en effet, qu'une décision légitime doit nécessairement obtenir l'engagement de toutes les parties prenantes. Le rôle des managers publics est dès lors de trouver les moyens d'impliquer ces parties prenantes dans un dialogue, un processus de délibération et dans une recherche de consensus sur la primauté des objectifs collectifs par rapport aux préférences individuelles (pour exemple, faire adhérer les utilisateurs de la voiture à l'intérêt des transports en commun afin de diminuer les problèmes de mobilité). Le PVM se définit comme le modèle de gestion publique le plus adapté à la gouvernance des réseaux.

Toutefois, le concept est également contesté au regard du flou dans la définition de ce qu'est une valeur publique, de l'importance donnée au manager public au détriment du pouvoir politique ou de la possibilité de définir *a priori* le contenu d'une valeur publique (Rhodes et Wanna, 2007 ; Alford et O'Flynn, 2009). En outre, les processus de délibération préconisés montrent le risque de se limiter à des discussions sans fin (« talking shops »), sans prise d'action effective.

Implications managériales

Les mises en application du Public Value Management sont encore peu nombreuses. On trouve néanmoins des exemples d'utilisation dans le secteur de l'eau (Colin et Guérin-Schneider, 2015 ; Tsanga Tabi et Verdon, 2015) ou des médias publics (BBC, 2004).

De manière plus générale, le PVM est une réponse, un dépassement des limites et des effets pervers du NPM. On remarquera que ce dernier se voulait lui aussi une réponse aux limites du modèle bureaucratique. Ces trois modèles peuvent être mis en comparaison au regard d'une série de variables.

Schéma 11 : Une comparaison des modèles bureaucratique, NPM et PVM
(adapté de Stoker, 2006)

	Administration Publique traditionnelle	New Public Management	Public Value Management
Objectifs principaux	Le politique donne les inputs, les services sont délivrés et contrôlés par la voie bureaucratique	Assurer le meilleur coût et répondre aux attentes des clients par la gestion des inputs et outputs	Créer de la valeur publique dans le souci de s'attaquer aux problèmes vécus par les citoyens
Rôle des managers	Assurer le respect des règles et des procédures	Aider à la définition et à l'atteinte des cibles (performance)	Rôle actif dans le pilotage des réseaux de délibération et le maintien des capacités du système
Définition de l'intérêt public	Par les politiciens élus ou les experts : faible contribution du public	Agrégation des préférences individuelles : le politique définit le stratégique, l'administration s'occupe de l'opérationnel	Préférences individuelles et collectives produites à travers un processus d'interaction et de réflexion délibérative
Ethos du service public	Monopole du secteur public sur l'ethos du service public	Orientation client	Aucun secteur n'a le monopole de l'ethos du service : ces valeurs sont à partager par les fournisseurs de services
Délivrance du service	Hiérarchie ou professions	Secteur privé ou agences indépendantes	Approche pragmatique et réflexive concernant les mécanismes d'intervention
Contribution au processus démocratique	Accountability par la compétition démocratique entre élus	Définition et contrôle des objectifs à atteindre : les managers décident des moyens nécessaires	Offre le dialogue à travers un processus continu d'échanges démocratiques
Limites / Risques	Influence de l'administration sur le politique et politisation de l'administration	Managers visent des cibles (outputs), pas des attentes socio-politiques (outcomes)	"Talking shops" plutôt que prise d'action Les managers jouent le rôle de politiques

Bibliographie sélective

ALFORD, J., O'FLYNN, J. (2009). « Making Sense of Public Value : Concepts, Critiques and Emergent Meanings ». *International Journal of Public Administration*, 32, 3-4, 171-191.

BBC (2004). *Building Public Value : Renewing the BBC for a Digital World*. London, British Broadcasting Corporation.

BOZEMAN, B. (2007). « La publicitude normative : comment concilier valeurs publiques et valeurs du marché ». *Politiques et Management Public*, 25, 4, 179-211.

BRYSON, J., CROSBY, B.C., BLOOMBERG, L. (2014). « Public Value Governance : Moving beyond Traditional Public Administration and the New Public Management ». *Public Administration Review*, 74, 4, 445-456.

MOORE, M. (1995). *Creating Public Value : Strategic Management in Government*. Cambridge, Harvard University Press.

RHODES, R.A.W., WANNA, J. (2007). « The limits to public value, or rescuing responsible government from the platonic guardians ». *Australian Journal of Public Administration*, 66, 4, 406-421.

COLON, M., GUERIN-SCHNEIDER (2015). « Réforme de Nouveau Management Public et création de valeurs publiques : Des processus compatibles ? Une exploration empirique dans le service public de l'eau ». *Revue Internationale des Sciences Administratives*, 2, 264-281.

STOKER, G. (2006). « Public Value Management : A Narrative for Networked Governance ? ». *The American Review of Public Administration*, 36, 1, 41-56.

TSANGA TABI, M., VERDON, M.D. (2015). « Les valeurs ont-elles une place dans le management des services publics ? Leçons d'une recherche-action ». *Revue française de gestion*, 5, 250, 105-124.

CHAPITRE 3

Les leviers du manager public

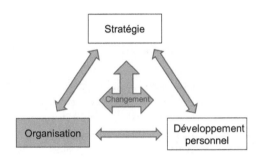

3.1 L'organisation

3.1.1 Les typologies organisationnelles

Schéma 12 : Les quatre approches de l'organisation selon Bolman et Deal (2003)

Structure	**Ressources Humaines**
Vision mécanique et rationalité instrumentale Accent sur les règles, les rôles et les systèmes de planification Enjeu de performance Risque de rigidités	Vision relations humaines Accent sur les motivations, les talents et les compétences Enjeu de mobilisation des individus Risque d'incompréhension de la complexité des attentes
Politique	**Symbolique**
Vision systémique Accent sur les équilibres et la négociation Enjeu de coopération Risque de conflits d'intérêts	Vision axiologique Accent sur les rites, récits, mythes Enjeu de la création de sens Risque de normes issues du passé

Comprendre le schéma

La typologie proposée par Bolman et Deal (2003) offre une synthèse de la diversité des facettes organisationnelles à travers quatre cadres de référence : la « Structure », les « Ressources humaines », la « Politique » et l'approche « Symbolique ».

- La première approche – la structure – considère l'organisation comme une mécanique ajustant les fins (objectifs, missions, etc.) aux moyens (humains, technologiques, etc.). Cette vision éminemment rationnelle et instrumentale de l'organisation se reflète à travers ses systèmes de planification, ses choix de spécialisation et de division du travail ou encore par ses modalités de contrôle et de coordination (procédures, division du travail et des rôles, etc.). Cette approche met ainsi fortement l'accent sur la question de la performance de l'organisation.

- L'approche par les ressources humaines part du principe selon lequel les individus éprouvent des besoins sociaux (reconnaissance, écoute, retour d'information, responsabilité, etc.) dont la satisfaction est au cœur de la motivation et de la productivité (en vertu des principes de l'École des relations humaines). Toutefois, si une organisation peut atteindre un niveau de connaissance élevé de ses besoins en compétences, les attentes des individus sont par contre beaucoup moins limpides… y compris pour eux-mêmes : le défi de l'approche par les ressources humaines est d'identifier les aspirations profondes des individus dans l'optique de leur mobilisation.

- Une troisième approche – l'approche politique – considère l'organisation comme une arène au sein de laquelle les individus sont en concurrence pour l'obtention des ressources (matérielles et symboliques) : l'organisation est dès lors un lieu de conflit et de coalition. En d'autres mots, la coopération entre les acteurs d'une organisation n'a rien de spontanée mais est le fruit d'un équilibre systémique (voir schéma 18).

- Enfin, pour l'approche symbolique, l'organisation est un ensemble de rituels, de cérémonies, de récits et de mythes. Comme dans un théâtre, ce qui importe n'est pas tant ce qui est réalisé mais ce qui est « signifié » au travers de discours ou de pratiques. L'approche symbolique met ainsi l'accent sur la question du sens et des croyances (voir schéma 16).

Enjeu pour le secteur public

Comprendre les différents niveaux de lecture (facettes) que l'on peut poser sur une organisation.

Forces et limites de l'approche

Ces typologies montrent qu'une organisation ne peut se comprendre que dans sa complexité, à travers ses différentes facettes interconnectées. Une autre typologie fréquemment utilisée tente ainsi de définir ces facettes sur la base de « métaphores » (Morgan, 1999) : l'organisation comme une machine, un organisme, un cerveau, une culture, un système politique, une prison du psychisme, des flux et transformations ou un instrument de domination.

Implications managériales

Les approches présentées ont tendance à se recouper et se compléter. Elles sont autant de « paires de lunettes » permettant de comprendre la complexité organisationnelle et de poser un diagnostic diversifié.

Bibliographie sélective

BOLMAN, L.G., DEAL, T.E. (2003). *Reframing Organizations*. San Francisco, Jossey Bass.

MORGAN, G. (1999). *Images de l'Organisation*. Québec, Presses de l'Université Laval.

3.1.2 *Les formes de coordination*

Schéma 13 : Les formes de coordination selon Mintzberg (1982)

		Traits	Forces	Risques
Ajustement mutuel		Interactions informelles	Rapidité	Coût à moyen terme
Supervision directe		Directif Hiérarchie	Clarté-unité de commandement	Surcharge de la direction
Standardisation des procédés		Formalisme	Coût faible Adaptation aux situations répétitives	Rigidité, monotonie des tâches, faible implication du personnel
Standardisation des résultats		Orientation sur les performances	Dynamisme	Désintérêt pour le processus
Standardisation des qualifications		Externe et transverse aux organisations	Durabilité, solidité dans le temps	Fonctionnement en vase clos Changement lent
Standardisation des normes		Orientation sur les valeurs communes	Cadrage des comportements et des attitudes	Endoctrinement « Pensée de groupe »

Comprendre le schéma

La coordination entre individus ou entre entités organisationnelles est une condition centrale de la réussite d'une action. Les travaux de Mintzberg (1982) ont identifié six formes principales de coordination : l'ajustement mutuel, la supervision directe et la standardisation qui se décline en différentes variantes. En amont, il faut aussi comprendre que selon Mintzberg, la structure organisationnelle se compose de cinq éléments : à savoir le sommet stratégique, la ligne hiérarchique, le centre opérationnel, la technostructure et les unités support. Chaque forme de coordination est étroitement liée à un des cinq éléments de la structure organisationnelle :

- L'ajustement mutuel est la forme la plus simple de coordination au sens où elle se base sur l'interaction, sur l'échange entre deux protagonistes amenés à s'entendre sur la réalisation d'une tâche commune. Par définition, ce mode de coordination s'observe lors du déroulement des activités de base, quotidiennes, c'est-à-dire au niveau du centre opérationnel. Dans ce cadre, la division du travail s'opère par un échange rapide et direct : cette modalité de coordination peut toutefois s'avérer coûteuse dans le temps si ces échanges doivent se répéter entre individus et, de surcroît, à une plus grande échelle organisationnelle.

- La supervision directe repose également sur une vision simple, celle du responsable hiérarchique tenant un rôle de prescripteur (instructions, consignes, allocation des ressources, etc.) et de contrôleur. Cette forme de coordination implique la prépondérance du sommet hiérarchique ainsi qu'une communication directe entre ce dernier et les collaborateurs : il y a clarté et unité de commandement mais, en contrepartie, il existe un risque de surcharge de travail et de goulot d'étranglement au niveau de la prise de décision ou du règlement des conflits.

- La standardisation des procédés résulte de la définition des tâches et des séquences d'activités par l'intermédiaire de descriptions de poste et de procédures d'exécution. La technostructure – dont le rôle est d'harmoniser et de formaliser les modalités de travail (la planification, la comptabilité, la formation, la qualité, etc.) – joue un rôle central dans ce mode de coordination. Si la standardisation des procédés est bien adaptée dans le cas d'activités répétitives ou d'un environnement stable, elle implique fréquemment une monotonie des tâches et un risque de faible implication du personnel.

- La standardisation des résultats consiste à établir, par exemple annuellement, des résultats à atteindre. Ici prime la performance sur le procédé, le résultat sur la manière. Le rôle de la technostructure est important dans la définition de ces objectifs, c'est en outre à la ligne hiérarchique que revient la responsabilité essentielle de les (faire) atteindre.

- La standardisation des qualifications se base sur le partage d'un système de connaissances explicites et tacites entre les membres d'une profession (juristes, médecins, ingénieurs, etc.) acquises lors d'un processus de formation *a priori* externe à l'organisation. Une qualification commune se traduit par un vocabulaire technique et par une logique professionnelle permettant d'aborder un problème ou de prendre une décision sans devoir investir du temps dans des discussions préalables. Le cadre de référence propre à une profession se caractérise par une forte solidité dans le temps : en corollaire, il n'est que faiblement malléable et peu enclin au changement.

- La standardisation des normes donne un cadre normatif aux comportements et aux attitudes des membres d'une organisation. Les normes valorisées par le groupe peuvent toutefois conduire à de l'endoctrinement (sectes) ou à des phénomènes de biais cognitifs (tels que la « pensée de groupe » – voir schéma 38).

Enjeu pour le secteur public

Comprendre les forces et les faiblesses des différentes formes de coordination ainsi que le rôle fondamental de l'ajustement mutuel.

Forces et limites de l'approche

Les différentes formes de coordination de Mintzberg peuvent également se lire sur un axe temporel. Au fil de son développement et/ou de son gain en taille, une organisation devra poser des choix en termes de coordination et se diriger, à terme, vers une forme de standardisation. Premièrement, on notera que ces questions ne sont pas propres au secteur privé mais prennent une importance particulière et très contemporaine face au développement des agences dans le secteur public.

Deuxièmement, il est essentiel de rappeler combien la capacité d'ajustement mutuel est primordiale au sein d'une organisation même de très grande taille. Face à une crise, une urgence, une innovation, un changement, l'ajustement mutuel reste la forme de coordination par excellence. Or de nombreuses organisations structurées autour d'une standardisation par les procédés ont tendance à perdre cette capacité (Bernard, 2014).

Schéma 14 : L'évolution des formes de coordination

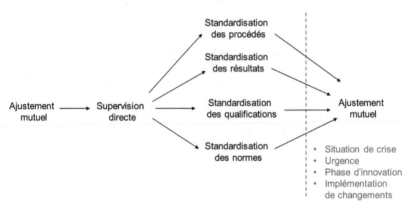

Implications managériales

Les formes de coordination sont à rapprocher des phases successives de développement d'une organisation. Par ailleurs, au regard de son importance face à des situations exceptionnelles ou dans le cadre de la conduite du changement, l'ajustement mutuel s'avère une forme de coordination essentielle.

Bibliographie sélective

BERNARD, B. (2014). *Comprendre les Facteurs Humains et Organisationnels. Sûreté nucléaire et organisations à risques.* Paris, EDP-Sciences.

MINTZBERG, H. (1982). *Structure et dynamique des organisations.* Paris, Éditions d'Organisation.

3.1.3 La spirale bureaucratique

Schéma 15 : La spirale bureaucratique (Strategor, 1997)

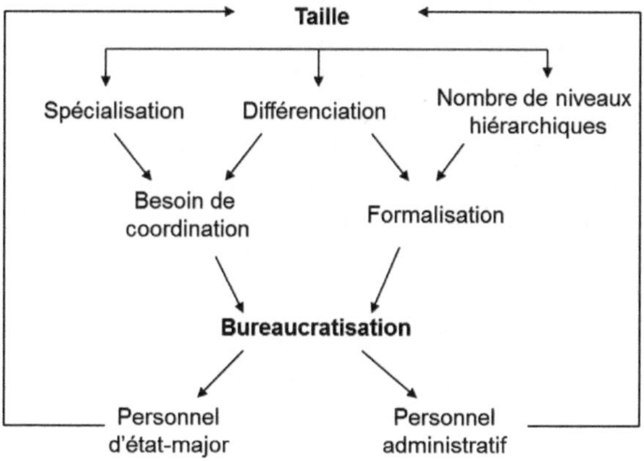

Comprendre le schéma

La spirale taille-bureaucratie (Strategor, 1997) met en exergue la corrélation entre l'accroissement de la taille de l'organisation et un processus de bureaucratisation. Dans une optique quelque peu mécanique, une organisation n'est en effet rien d'autre qu'un compromis constant entre de la différenciation (diviser le travail entre collaborateurs) et de la coordination (trouver les moyens d'assurer les flux d'information entre collaborateurs). Dans cette logique, plus une organisation divise les activités des individus (la création « d'îlots »), plus il lui sera nécessaire de mettre en œuvre des processus de coordination (coordonner les îlots). Augmenter ou diminuer la division du travail entraîne nécessairement des coûts, potentiellement cachés, dont il faut évaluer l'impact.

Enjeu pour le secteur public

Identifier les solutions organisationnelles (autonomisation des équipes, recherche de transversalité, etc.) évitant une bureaucratisation induite, inhérente au développement des grandes organisations.

Forces et limites de l'approche

Dans une situation de développement (par exemple l'obtention de nouvelles responsabilités, de nouvelles ressources, etc.), une organisation aura tendance à renforcer sa division du travail (définir les activités des collaborateurs dans un périmètre plus étroit) et à mettre en place des procédures standardisées afin de traiter un volume plus important d'activités. Au regard du modèle bureaucratique, ce souci de spécialisation et de standardisation est censé entraîner une plus grande efficacité.

Toutefois, comme énoncé, si la division du travail augmente, les besoins en coordination vont mécaniquement s'accroître (constitution de comités, tenue de réunions, engagement de personnel de coordination, etc.). C'est alors que s'engendre un processus de bureaucratisation dont une caractéristique est d'entraîner des besoins supplémentaires en personnel. L'accroissement en taille de l'organisation enclenche dès lors un effet de spirale.

Implications managériales

La spirale bureaucratique montre la nécessité de trouver un optimum entre ce que l'on peut qualifier de coûts de coordination (les ressources nécessaires, le temps consacré aux liaisons entre groupes) et les coûts d'autonomie (la perte d'informations transversales, de faibles communications, etc.).

Bibliographie sélective

STRATEGOR (1997). *Politiques générales de l'entreprise*. Paris, Dunod.

3.1.4 La toile culturelle

Schéma 16 : La « toile culturelle » de Johnson (1988)

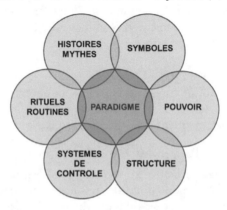

Comprendre le schéma

La toile culturelle repose sur le concept de « Paradigme » (Johnson *et al.*, 1988 ; Johnson, 1992). Ce dernier se définit comme l'ensemble des croyances des hypothèses sous-jacentes ou des idées reçues concernant la manière dont doit fonctionner une organisation. Un paradigme est en outre rarement questionné alors qu'il conditionne la manière dont une organisation se perçoit elle-même, entre en relation avec son environnement et conçoit la nécessité d'un changement.

L'objectif de la toile culturelle (« Cultural web ») est ainsi d'identifier les manifestations symboliques, physiques et comportementales qui soutiennent et renforcent un « paradigme » au quotidien des activités. La toile culturelle comprend les éléments suivants :

- Les rituels et les routines : à savoir la manière dont les membres d'une organisation se réunissent, échangent, prennent une décision, symptomatique d'un mode d'interaction au sein de l'organisation, mais également des rites de passage ou de mise à l'honneur ;
- Les histoires : les anecdotes décrivant des événements passés (des succès, des défaites, etc.), des prises de décision (promotion, réaffectation, etc.) ou des comportements exemplaires qui trouvent un sens pour les membres de l'organisation (une norme valorisée, des comportements prescrits, etc.) et qui sont diffusées auprès des nouveaux arrivants ;
- Les symboles : les logos, la manière d'utiliser les titres, les jargons mais aussi la manière d'organiser l'espace de travail, l'attribution des places de parking ou des bureaux ;
- La structure organisationnelle : la ligne hiérarchique, les processus de travail, l'organigramme mais également les réseaux informels importants ;
- Les rapports de pouvoir : la manière dont le pouvoir se manifeste ou est symbolisé, les rapports de forces, les coalitions en place ;
- Les systèmes de contrôle : les procédures, les règles, les types de récompenses et les systèmes de gestion structurant les activités considérées comme essentielles.

Enjeu pour le secteur public

Prendre conscience des traits culturels qui structurent les manières de faire et de penser.

Forces et limites de l'approche

La toile est non seulement un outil d'analyse d'une culture en place mais elle offre en outre la possibilité de comprendre une organisation à travers son historicité et les chemins de dépendance (c'est-à-dire le poids du passé et des décisions antérieures). Par l'intermédiaire de la toile culturelle, il est ainsi possible de mettre en exergue des idées rarement questionnées ainsi que les barrières potentielles au changement.

Implications managériales

La mise en application de la toile culturelle repose sur une série de questions illustrées ci-dessous :

- Les rituels et les routines : quels sont les rituels reproduits ? Quelles sont les routines en place ? D'où viennent-elles ? Que révèlent les rituels et les routines ? Pour illustration, au-delà de son rôle instrumental, la tenue d'une réunion est aussi l'occasion de rappeler les normes comportementales en vigueur : qui arrive en premier ? Qui préside ? Quels sont les codes vestimentaires ? etc.

- Les histoires : quelles sont les histoires les plus diffusées au sein du groupe (des réussites, des défaites) ? Quelles sont les valeurs principales véhiculées ? Qui sont les héros, les traîtres de ces histoires ?

- Les symboles : quels sont les symboles mis en avant par l'organisation à travers des objets, des événements sinon même l'architecture des lieux ? Ainsi, la manière d'organiser l'espace est un indicateur d'une conception du travail. Pour exemple, un espace organisé en « open space » est connecté à l'image d'une organisation souple, en réseau, composée de groupes plutôt autonomes. Ainsi, l'absence de salle de réunion au sein d'édifice public (par exemple un Palais de justice) peut refléter une vision du rôle des professionnels (en l'occurrence de magistrats devant maintenir leur indépendance de jugement).

- La structure organisationnelle : comment se structurent les relations formelles et informelles de l'organisation ?

- Les rapports de pouvoir : qui détient le pouvoir ? Dans quel type de décision peut-on l'observer ? Sur quelle base se structure l'échelle de prestige ?

- Les systèmes de contrôle : qu'est-ce qui est étroitement surveillé ? Avec quelle régularité ? Qu'est-ce qui fait l'objet de sanction ou de récompense ?

Les éléments récoltés sont alors à synthétiser au sein d'une grille, ici appliquée au cas des administrations forestières (Bernard, 2001, 2006).

Schéma 17 : Exemple d'application de la toile culturelle

Rituels et routines	• Le martelage, i.e. marquage des arbres en vue de leur exploitation, est l'activité collective presque unique. Elle est l'occasion de réaffirmer l'autorité d'un garde sur son territoire puisqu'il lui est accordé une préséance sur le choix des arbres à marquer. • Plan de tirs, plan d'aménagement forestier.
Histoires	• Ancienneté des traditions et des méthodes. • Métier familial (plusieurs générations successives de gardes forestiers). • Histoires relatives aux échecs des nouvelles méthodes sylvicoles.
Symboles	• Indication « Eaux et Forêts » persistante malgré le changement de nom officiel de l'administration. • Uniforme, marteau, code forestier, arme de service, service de « jour comme de nuit ».
Structure organisationnelle	• Forte centralisation et formalisme. • Division du territoire en entités de gestion décentralisées. • Peu de relations entre entités décentralisées, relations bureaucratiques avec le centre.
Rapports de pouvoir	• Pouvoir informel des entités décentralisées (le chef local imprime sa conception de la gestion sylvicole). • Les problèmes (conflits de chasse, dégâts de débardage, etc.) se négocient et se règlent au niveau local, entre individus. • Proximité avec les autorités communales. • Image du directeur général issu des unités de terrain. • Hiérarchie paternaliste. • Structure hiérarchique affirmée, grades à connotation militaire (brigadier, garde).
Systèmes de contrôle	• Valorisation d'une planification forestière sur une centaine d'années. • Contrôle de l'affectation des ressources aux travaux en forêt par le chef de cantonnement.
PARADIGME	• Esprit de corps. • Grande estime de sa mission publique. • Territorialité et « chacun chez soi ». • Forte autonomie locale, individualisme. • Légitimité rationnelle-légale, vision technicienne de la forêt. • Tendance à la fermeture. • Diffusion lente des innovations (« On a toujours fait comme cela »).

Bibliographie sélective

BERNARD, B. (2006). *Quand des gestionnaires se mesurent. Les indicateurs au centre de l'action collective.* Paris, L'Harmattan.

BERNARD, B. (2001). « Autonomie des forestiers et pouvoir patrimonial ». *Environnement et société*, 26, 67-88.

JOHNSON, G., SCHOLES, R., WHITTINGTON, R. (2008). *Exploring Corporate Strategy.* Harlow, Pearson.

JOHNSON, G. (1992). « Managing Strategic Change – Strategy, Culture and Action ». *Long Range Planning*, 25, 1, 28-36.

3.1.5 *L'analyse stratégique*

Schéma 18 : L'analyse stratégique (d'après Crozier et Friedberg, 1977)

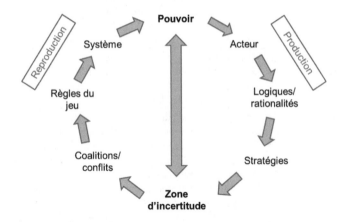

Comprendre le schéma

Selon l'analyse stratégique des organisations (Crozier et Friedberg, 1977 ; Friedberg, 1993), les comportements d'acteurs sont considérés comme l'expression de leur volonté de résoudre les problèmes pratiques auxquels ils sont confrontés tout en maximisant leurs intérêts. Les acteurs sont donc porteurs de « stratégies », définies comme des régularités de comportements orientés vers l'obtention d'un gain. Autrement dit, poursuivant leurs enjeux (par exemple, l'implémentation d'un changement, la conduite d'un projet mais aussi le bon déroulement des activités quotidiennes), les individus tentent d'exploiter leur marge de liberté afin de préserver ou de renforcer leur autonomie (on parlera des aspects défensifs et offensifs de la stratégie).

Toutefois, une organisation est également un construit stabilisé grâce à des mécanismes qui régulent les relations entre acteurs. En effet, les acteurs ne peuvent atteindre leurs objectifs de manière isolée et sont, par conséquent, en interdépendance. Ils vont dès lors entrer dans des jeux de négociations – des jeux de pouvoir – afin de trouver les moyens de leur coopération.

Ainsi, d'une part, une organisation est toujours le fruit des interrelations entre des acteurs aux intérêts différents (les acteurs produisent le système) et, d'autre part, le système s'équilibre – *bon gré mal gré* – par l'intermédiaire de règles du jeu (le système reproduit un cadre des comportements possibles et admissibles).

Enjeu pour le secteur public

Mettre en lumière les mécanismes organisationnels et les modes de fonctionnement impactant la performance ou la capacité de changement d'une organisation.

Forces et limites de l'approche

Contrastant avec l'image traditionnellement négative du pouvoir, l'analyse stratégique montre que les relations de pouvoir constituent le mécanisme de base de la coopération au sein des organisations. On ne noue pas des relations de pouvoir par volonté de pure domination mais parce qu'il est nécessaire d'obtenir la coopération des autres : il y a un lien inéluctable entre pouvoir et coopération.

La source du pouvoir d'un acteur se trouve dans sa capacité à maîtriser une « zone d'incertitude » (Crozier, 1963). Dans toute organisation, existe de l'incertain (une panne potentielle, la bonne volonté d'un acteur, un accord, etc.). Plus la zone d'incertitude (ZI) contrôlée par un acteur est cruciale pour l'atteinte des objectifs d'un autre protagoniste, plus le premier disposera de pouvoir. La ZI est donc un enjeu pour certains, une source de pouvoir pour ceux qui la maîtrisent. De manière générale, les ZI types reposent sur la maîtrise d'une compétence, d'une information, d'une relation à l'environnement ou sur la capacité d'adapter les règles.

Implications managériales

L'analyse stratégique s'attache au système de relations et d'interdépendances entre acteurs (on parle de « système d'action concret ») ainsi qu'aux effets de ce système sur les réalisations de l'organisation. D'une part, l'approche est orientée sur la réalité informelle de l'organisation. D'autre part, l'approche considère que ce qui est couramment qualifié de dysfonctionnement n'est pas autre chose qu'un mode de fonctionnement. L'analyse stratégique est ainsi un outil d'intervention clé afin de comprendre de quelle nature sont les « cercles vicieux » (à savoir les facteurs organisationnels de résistance au changement) et dès lors de proposer des voies d'action concrètes.

La grille d'analyse stratégique (voir schéma 19) constitue un guide utile afin d'identifier les éléments essentiels du diagnostic. L'analyse se porte tout d'abord sur l'inventaire des acteurs (individuels ou collectifs) ainsi que sur leurs objectifs, leurs ressources (ce dont ils peuvent se servir dans leur situation particulière) et leurs contraintes (ce qui les empêche d'atteindre leurs objectifs). Il s'agit ensuite d'identifier les stratégies développées (les comportements par lesquels les acteurs tentent d'atteindre leurs objectifs) et les types de relations entretenues avec les autres acteurs (en termes d'alliance ou d'opposition).

Schéma 19 : La grille d'analyse stratégique

ACTEURS	OBJECTIFS ET ENJEUX	RESSOURCES	CONTRAINTES	STRATÉGIES	ALLIANCES ET OPPOSITIONS
Acteur A					
Acteur B					
Acteur C					
Acteur D					

Bibliographie sélective

CROZIER, M. (1963). *Le phénomène bureaucratique*. Paris, Seuil.

CROZIER, M., FRIEDBERG, E. (1977). *L'acteur et le système. Les contraintes de l'action collective*. Paris, Seuil.

FRIEDBERG, E. (1993). *Le pouvoir et la règle. Dynamiques de l'action organisée*. Paris, Seuil.

3.1.6 Les sociogrammes

Schéma 20 : Exemple d'application d'un sociogramme (Bernard, 2006)

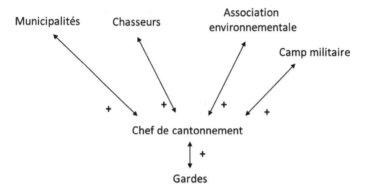

Comprendre le schéma

Un sociogramme est une représentation graphique d'un système de relations humaines. En complément à la grille d'analyse stratégique (voir schéma 19), le sociogramme codifie et schématise les relations d'alliances et d'oppositions au sein d'une organisation. Plus encore, il tente de mettre en exergue les caractéristiques d'un « système d'action concret » de manière visuelle.

Enjeu pour le secteur public

Schématiser les alliances et les oppositions au sein d'un système d'action concret.

Forces et limites de l'approche

La disposition des acteurs dans le sociogramme proposé à titre d'illustration montre très rapidement que l'acteur central (le chef de cantonnement) est le seul à entretenir des relations, de surcroît positives, avec l'ensemble des acteurs du système. Ainsi, dans cet exemple relatif à la gestion des forêts publiques (Bernard, 2006), le chef de cantonnement détient un rôle primordial dans le traitement des questions de gestion forestière et environnementale sur le territoire dont il a la charge. Par ses compétences techniques (en l'occurrence une zone d'incertitude – voir schéma 18), il est capable d'offrir à l'ensemble de ses interlocuteurs une réponse adaptée à leurs enjeux respectifs. En retour, il a gagné une forte autonomie gestionnaire sur son territoire, ce qui contente les gardes forestiers qui travaillent sous sa responsabilité.

Implications managériales

Un sociogramme schématise la forme des interdépendances entre acteurs. L'outil offre un premier niveau de lecture par l'identification des relations – ou de l'absence de relation – entre les acteurs d'un système. Deuxièmement, il caractérise la nature de ces relations : soit une relation positive (codifiée par un + ou ++ dans le cas d'une alliance) soit négative (codifiée par un – ou -- dans le cas d'un conflit) soit neutre (codifiée =). Enfin, la disposition graphique des acteurs peut également schématiser leur proximité ou leur distance et, plus largement, les équilibres sur lesquels se fonde un système d'action concret.

Bibliographie sélective

BERNARD, B. (2006). *Quand des gestionnaires se mesurent. Les indicateurs au centre de l'action collective*. Paris, L'Harmattan.

3.1.7 La gestion de la qualité : le cycle PDCA

Schéma 21 : Le cycle PDCA (Deming, 1986)

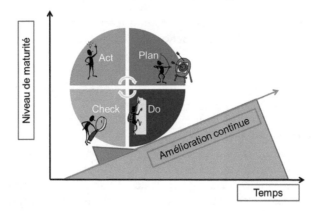

Comprendre le schéma

La roue de Deming (1986) ou cycle PDCA identifie les quatre étapes clés d'une démarche qualité.

- L'étape « Plan » (préparer, planifier) consiste à identifier les objectifs et les éléments nécessaires à l'atteinte des résultats escomptés. Par exemple, dans le cas du développement d'une formation, il sera question de définir l'ensemble des données nécessaires à sa mise en œuvre (le contenu de la formation, la désignation des formateurs, le public cible, les modalités d'invitation, etc.) ainsi que la séquence des activités.

• L'étape « Do » (développer, réaliser) à savoir mettre en application le processus – i.e. la séquence planifiée – par exemple depuis la phase de communication jusqu'à l'organisation et l'évaluation de la formation.

• L'étape « Check » (contrôler, vérifier) consiste à surveiller et à mesurer la manière dont s'est déroulé le processus par l'intermédiaire de divers enregistrements (des indicateurs, des tableaux de bord, des rapports d'audits, une enquête de satisfaction, etc.). Cette étape est cruciale afin d'identifier les possibles lacunes du processus, par exemple par des mesures de la satisfaction des participants et des formateurs.

• Enfin, l'étape « Act » (agir) se veut une étape d'ajustement et d'amélioration de la planification initiale sur la base des évaluations reçues. Ainsi, le cadre établi du programme de formation sera donc adapté au regard des points forts et faibles constatés. Nous nous trouvons de nouveau à l'étape « Plan » et les séquences du cycle sont remises en œuvre.

Par son utilisation systématique, le cycle PDCA est ainsi au cœur de la mise en pratique du principe d'amélioration continue.

Enjeu pour le secteur public

Renforcer une approche systématique dans la mise en œuvre des processus de travail : de la planification à l'évaluation.

Forces et limites de l'approche

L'apport de Deming est d'insister sur la prépondérance des questions organisationnelles – par rapport aux aspects individuels – concernant la qualité. En d'autres termes, la qualité (obtenir la satisfaction des usagers) repose sur la mise en place de processus (process mapping) décrivant les éléments d'entrée (les ressources nécessaires), les éléments de sortie (les résultats escomptés), identifiant les responsabilités et les moyens de mise sous contrôle (les systèmes de mesure).

Implications managériales

Le cycle PDCA est un mécanisme de pensée central de la gestion de la qualité : d'une part, par son importance pour tous les piliers de la qualité tels que l'amélioration continue, l'approche par processus, la responsabilisation, etc. ; d'autre part, par son caractère générique et transversal aux différents types de démarche qualité (ISO 9001, CAF, etc.).

Bibliographie sélective

DEMING, W.E. (1986). *Out of the crisis.* Cambridge, MIT Press.

3.1.8 La gestion de la qualité : le modèle CAF

Schéma 22 : Les critères du modèle CAF (IEPA, 2013)

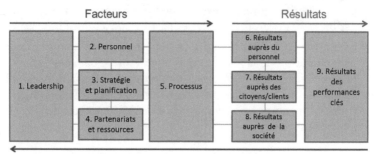

Comprendre le schéma

Le modèle CAF pour « Cadre d'Auto-évaluation des Fonctions publiques » (ou « Common Assessment Framework ») est un instrument d'évaluation de la qualité adapté au secteur public (EIPA, 2013). Basé sur le modèle EFQM (« European Foundation for Quality Management »), le CAF se structure autour de neuf critères dont cinq concernent les pratiques managériales (c'est-à-dire ce que fait l'organisation dans le cadre de son fonctionnement) et dont les quatre autres concernent les résultats (c'est-à-dire ce que l'organisation atteint). Ces critères sont déclinés en 28 sous-critères soumis à l'évaluation d'un ou plusieurs groupes d'auto-évaluation composés de membres de l'organisation.

Enjeu pour le secteur public

Approfondir la capacité des organisations à identifier leurs points forts et points faibles.

Forces et limites de l'approche

Cet outil d'évaluation de la qualité se caractérise par sa simplicité d'utilisation et sa large couverture des domaines organisationnels. Par sa structure, le CAF constitue de surcroît une base de discussion et de réflexion commune aux différentes entités d'une organisation sinon parfois entre plusieurs organisations. L'attrait principal de la méthode tient dans son approche participative. *A contrario* d'une démarche qualité basée sur un ensemble de normes (en particulier dans le but d'une certification), l'évaluation n'est pas externe mais posée de l'intérieur par des groupes d'auto-évaluation. L'implémentation de l'outil CAF a ainsi pour impacts positifs de créer un espace de dialogue et de conscientisation des diverses interdépendances ou contraintes organisationnelles mais aussi de poser les bases d'une culture de l'évaluation.

Toutefois, parmi les limites fondamentales de l'outil (Bernard, 2008), on relèvera, d'une part, en amont, que les critères liés aux résultats ne sont pas toujours disponibles ou exploitables ; d'autre part, en aval, on soulignera que les propositions d'action issues des auto-évaluations ne sont pas nécessairement intégrées dans un processus systématique d'amélioration continue (voir schéma 21).

Implications managériales

Les groupes d'auto-évaluation doivent être composés d'un nombre adapté de participants afin de dynamiser l'échange d'idées tout en limitant les tours de table trop longs. Un bon compromis se situe dans une fourchette de 6 à 10 participants. L'option de préférence est celle d'un groupe constitué sur base volontaire et dans le respect d'un principe de représentativité. Une bonne pratique est de désigner un agent chargé d'assurer la coordination et l'animation des séances nécessaires à l'évaluation de l'ensemble des sous-critères (Bernard, 2006).

Pour ce faire, les membres du groupe se positionnent sur une grille d'évaluation se basant sur une échelle de 0 à 100 (les niveaux de cette grille reposent sur une logique PDCA). Dans l'optique de dynamiser les échanges et d'explorer en profondeur les points de vue, les membres du groupe identifient un niveau (un score) de manière consensuelle. Enfin, sur la base des résultats, sont identifiés des points forts et faibles ainsi que des propositions de remédiation.

Bibliographie sélective

BERNARD, B. (2008). « Can a quality management approach provide a needs-response to issues facing the Judiciary ? Strengths and limits of the CAF model ». In Staes, P., Thijs, N. (Eds.). *Quality development in the field of Justice.* Maastricht, European Institute of Public Administration, 105-120.

BERNARD, B. (2006). « Mesurer la qualité au sein du ministère public : un *vade-mecum* ». *Pyramides*, 11, 103-125.

EIPA (2013). *CAF 2013. Improving Public Organisations through Self-Assessment.* European Institute of Public Administration Maastricht.

3.1.9 L'évaluation de la qualité de service

Schéma 23 : L'évaluation des services selon Zeithaml et Bitner (2000)

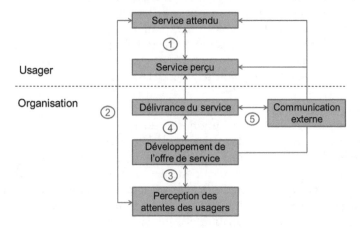

Comprendre le schéma

Ce modèle s'attache à l'évaluation de la qualité de délivrance d'un service (Zeithaml et Bitner, 2000 ; Zeithaml *et al.*, 2009). Au cœur de ce modèle se situe l'adéquation entre les attentes d'un usager et le service rendu tel que cet usager l'a perçu. Cet écart global de qualité (écart 1), au niveau de l'usager, est déterminé par quatre autres écarts, situés au niveau de l'organisation qui délivre le service :

- L'écart d'écoute (écart 2) : concerne l'écart entre les attentes de l'usager et la capacité de l'organisation à percevoir (écouter, comprendre) ces attentes ;

- L'écart de conception (écart 3) : concerne l'écart entre la perception des attentes par l'organisation et sa traduction en offre de service ;
- L'écart de performance (écart 4) : concerne l'écart entre le service tel que conçu et le service effectivement délivré ;
- L'écart de communication (écart 5) : concerne l'écart entre le service délivré et la manière dont son contenu et son processus de mise en œuvre sont communiqués.

Enjeu pour le secteur public

Identifier les différents types de lacunes potentielles lors de la délivrance d'un service.

Forces et limites de l'approche

Ce modèle offre une vue complète des étapes constitutives d'une prestation de service et des écarts à considérer afin de l'améliorer. Par ailleurs, au regard de la nature de ces écarts, c'est une large part de l'organisation (conception, promotion et délivrance du service) qui se voit impliquée dans la qualité du service.

Implications managériales

À chaque étape élémentaire, des questions ainsi que des solutions spécifiques émergent :

- Concernant l'écart d'écoute, les questions sont de savoir qui sont vos clients, vos usagers ? Quels services attendent-ils ou encore sur quels critères jugent-ils un service de qualité ? Il s'agit dès lors de développer les moyens de récolter les perceptions des usagers (traitement des réclamations, usager mystère, etc.) ;
- Concernant l'écart de conception, il s'agit d'évaluer l'adéquation, la pertinence et l'exhaustivité du contenu du service. Dans ce cadre, il est primordial de comprendre l'expérience vécue par l'usager (au regard de l'espace physique, du type de relation à l'usager, etc.) ;
- Concernant l'écart de performance, la question est de savoir si les ressources nécessaires au processus de mise en œuvre du service sont disponibles (les responsabilités sont-elles claires ? Qui est en charge du suivi du processus ? Des outils informatiques sont-ils disponibles ? La formation adaptée ? La motivation suffisante ? etc.). L'enjeu est ici de mettre en cohérence les ressources nécessaires au regard de la conception du service ;

- Concernant l'écart de communication, il s'agit d'évaluer l'adaptation des canaux de communication (tant internes qu'externes) et de mettre en place une stratégie permettant de « tenir ses promesses » (à savoir poser des messages consistants vers l'extérieur, développer une politique d'image de marque solide, etc.).

Bibliographie sélective

ZEITHAML, V.A., BITNER, M.J., GREMLER, D.E. (2009). *Services Marketing : Integrating Customer Focus Across the Firm*. New York, Mc Graw-Hill.

ZEITHAML, V.A., BITNER, M.J. (2000). *Services Marketing*. New York, Mc Graw-Hill.

3.1.10 Le Business Process Reengineering

Schéma 24 : Vision départementale versus vision processus

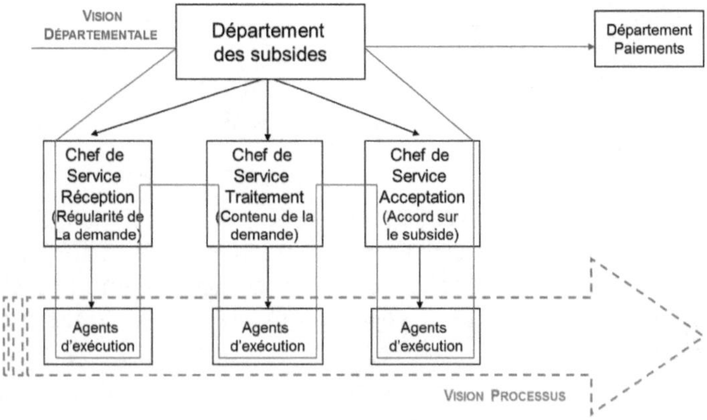

Comprendre le schéma

Le Business Process Reengineering (BPR) se définit comme « une remise en cause fondamentale et une redéfinition radicale des processus existants afin d'obtenir des améliorations spectaculaires dans des domaines de performance tels que les coûts, la qualité, le service et la rapidité » (Hammer et Champy, 1993).

En termes plus concis, le reengineering n'a d'autre objectif que de remodeler la division du travail et des tâches, les flux d'activités et la structure hiérarchique en place. Les différents vocables utilisés par les auteurs dans leur définition sont toutefois symptomatiques des postulats de la méthode. Premièrement, la remise en cause est « fondamentale ». Cela implique de repartir des questions de base concernant l'adéquation des manières de faire ou concernant la valeur ajoutée des processus en place (« pourquoi faisons-nous les choses comme nous le faisons ? »).

Deuxièmement, la reconfiguration proposée se veut « radicale » : il ne s'agit donc pas d'opérer des changements superficiels, mais de faire table rase des pratiques en cours. Dans le même ordre d'idée, les améliorations recherchées sont dites « spectaculaires », c'est-à-dire non progressives – on notera ainsi au passage que nous sommes à l'opposé d'une approche fondée sur l'amélioration continue. En définitive, la réalisation d'un BPR est une démarche chirurgicale, laissant peu de place à l'ajustement et aux évolutions par petits pas.

Enjeu pour le secteur public

Repenser drastiquement les processus existants afin de renforcer leur performance.

Forces et limites de l'approche

Un BPR repose sur une vision « processus » dans le sens où l'accent est placé sur l'interconnexion des tâches plutôt que sur leur différenciation (à l'instar d'une vision bureaucratique du travail).

Néanmoins, les expériences de mise en œuvre de BPR montrent un pourcentage élevé d'échec. Si la notion de remise à plat des pratiques est séduisante, elle n'en repose pas moins sur le mythe de la *tabula rasa*. C'est oublier de manière un peu naïve le poids des institutions et des identités professionnelles, de l'ensemble des sédimentations successives qui structurent les manières de faire et de penser au sein d'une organisation (Mc Nulty et Ferlie, 2004).

Implications managériales

En termes d'implémentation, les étapes d'un BPR sont les suivantes :

- Identifier des objectifs stratégiques du BPR et désigner les responsabilités ;
- Cartographier les processus existants (qualifiés de « As is ») ;
- Poser une analyse des écarts entre le « As is » et les objectifs stratégiques ;
- Concevoir le « To be » (c'est-à-dire le processus optimal) et le formaliser (par l'intermédiaire de schémas de flux d'activités) ;
- Implémenter les nouveaux processus et les descriptions de poste.

Bibliographie sélective

HAMMER, M., CHAMPY, J. (1993). *Reengineering the Corporation : Manifesto for Business Revolution*. New York, Harper Business Books.

Mc NULTY, FERLIE, E. (2004). « Process Transformation : Limitations to Radical Organizational Change within Public Service Organizations ». *Organization Studies*, 25, 8, 1389-1412.

3.2 La stratégie

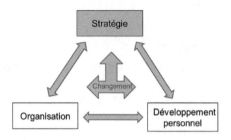

3.2.1 La dérive stratégique

Schéma 25 : La dérive stratégique (Johnson, 1988)

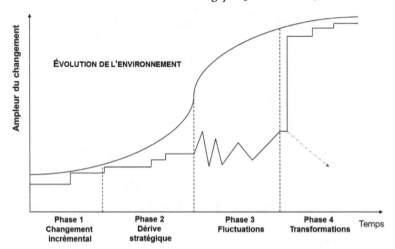

Comprendre le schéma

La dérive stratégique (ou « Strategic drift ») se définit comme un décalage progressif entre l'évolution des objectifs d'une organisation (les missions poursuivies) et les évolutions de son environnement (les attentes sociopolitiques). La dérive stratégique (Johnson *et al.*, 2008) montre qu'une organisation subit un ensemble de forces d'inertie pouvant entraîner son inadaptation face aux enjeux de son environnement.

Selon le modèle, après une phase d'adaptation graduelle, une organisation peut connaître une phase de dérive puis de fluctuations pendant laquelle aucune direction stratégique ne permet de coupler les processus internes (à savoir la manière dont l'organisation assure son fonctionnement) aux attentes externes (c'est-à-dire les demandes). Si la dérive est trop importante, elle exigera des transformations radicales au risque de conduire à une crise sinon à la fin de l'organisation.

Enjeu pour le secteur public

Comprendre et accompagner les évolutions de son environnement sociopolitique.

Forces et limites de l'approche

Le concept rappelle tout d'abord qu'il est primordial pour une organisation publique d'être en phase avec les attentes de son environnement sociopolitique et les demandes de ses usagers. La stratégie est non seulement affaire de développement des objectifs mais aussi de capacité à mettre en cohérence l'interne et l'externe (on parle alors de « Strategic fit »).

Par ailleurs, la dérive stratégique met en exergue que les organisations montrent cette tendance « naturelle » à s'installer dans des routines ou à privilégier les relations établies de longue date avec ses parties prenantes. En effet, l'histoire d'une organisation et sa « toile culturelle » (voir schéma 16) ainsi que le cadre cognitif des acteurs (voir schéma 38) sont susceptibles de retarder le renouvellement de stratégies, de surcroît si elles ont été fructueuses par le passé.

Implications managériales

Pour éviter une dérive stratégique, il est nécessaire de comprendre les modes de fonctionnement de l'organisation pesant sur les décisions stratégiques. De manière plus générale, la mise en œuvre d'une démarche stratégique se structure autour de trois questions clés :

- La question du diagnostic : où en sommes-nous ?
- La question de la direction : où voulons-nous aller ?
- La question de l'implémentation : comment y aller ?

Schéma 26 : La démarche stratégique

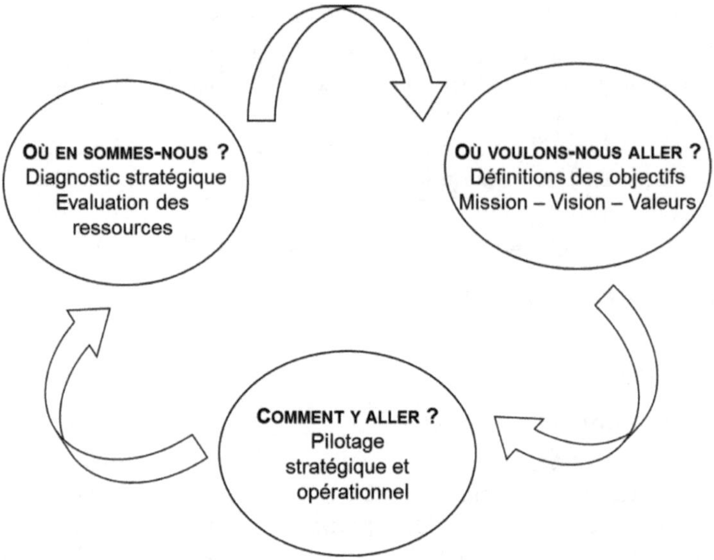

Où EN SOMMES-NOUS ?
Diagnostic stratégique
Evaluation des
ressources

Où VOULONS-NOUS ALLER ?
Définitions des objectifs
Mission – Vision – Valeurs

COMMENT Y ALLER ?
Pilotage
stratégique et
opérationnel

Bibliographie sélective

BRYSON, J. (1992). *Strategic Planning for Public and Non-profit Organizations*. San Francisco, Jossey-Bass.

JOHNSON, G., SCHOLES, R., WHITTINGTON, R. (2008). *Exploring Corporate Strategy*. Harlow, Pearson.

JOHNSON, G. (1988). « Rethinking incrementalism ». *Strategic Management Journal*, 9, 75-91.

JOHNSON, G. (1992). « Managing Strategic Change – Strategy, Culture and Action ». *Long Range Planning*, 25, 1, 28-36.

3.2.2 La matrice SWOT

Schéma 27 : La matrice SWOT

Comprendre le schéma

La matrice SWOT est sans conteste un des outils stratégiques les plus communément utilisés, il est également l'un des plus anciens. Depuis sa création dans les années 1960 (Learned *et al.*, 1965), la matrice SWOT a pour objectif de mettre en concordance les facteurs internes et externes d'une organisation par l'intermédiaire d'un double diagnostic :

- D'une part, un diagnostic interne qui s'attache aux forces (c'est-à-dire les ressources essentielles, ce que l'on fait de mieux, les fiertés, etc.) et aux faiblesses (les lacunes, les points d'amélioration, etc.) d'une organisation dans son ensemble ou spécifique à un domaine d'activité ;
- D'autre part, un diagnostic externe qui s'attache aux opportunités (*En quoi notre environnement peut-il nous aider à atteindre nos objectifs ?*) et aux menaces (*Quelles sont les menaces qui peuvent mettre en danger nos activités ?*) observables au sein de l'environnement.

Cet outil a ainsi pour premier mérite de mettre en perspective les caractéristiques d'une organisation et celles de son environnement sociopolitique, une dimension souvent trop peu explorée dans le secteur public. L'objectif d'une mise en application de la matrice SWOT est ensuite de développer une planification stratégique, à savoir un ensemble d'actions maximisant ses forces et ses opportunités tout en minimisant ses faiblesses et ses menaces.

Enjeu pour le secteur public

Poser un diagnostic interne et externe d'une organisation en vue de contrôler ses forces et faiblesses, ainsi que ses opportunités et ses menaces.

Forces et limites de l'approche

La matrice SWOT est un outil de réduction et de synthèse des informations disponibles dans une optique de prise de décision stratégique. Sa simplicité d'utilisation permet d'attirer rapidement l'attention sur des enjeux d'ordre général. Dans le même temps, c'est cette même tendance à la simplification qui peut lui être reprochée au regard de la complexité de l'organisation ainsi que du caractère incertain et changeant de l'environnement (Mintzberg *et al.*, 2009 ; Chermack et Kasshanna, 2007).

Par ailleurs, les résultats d'un exercice SWOT ne doivent pas se résumer à poser un inventaire de constats mais constituent les données de base d'une planification stratégique (Hill et Westbrook, 1997). Ainsi, la mise en application d'une matrice SWOT n'est pas un aboutissement en soi mais le point de départ d'un plan d'action destiné à améliorer la position stratégique de l'organisation.

Au passage, on notera l'existence d'une autre grille cherchant également à poser un diagnostic de l'environnement, la grille PESTEL : pour Politique – Économique – Social – Technologie – Environnement – Légal.

Implications managériales

L'approche privilégiée est collective : un exercice SWOT cherche à faire émerger les différents éléments de la matrice par la discussion et le partage des points de vue. En ce sens, il est crucial d'assurer une diversité dans la composition du groupe d'évaluation afin de bénéficier de perspectives variées et originales. Il est également essentiel d'assurer la dynamique du groupe afin d'établir un niveau élevé d'intercompréhension entre les participants et d'éviter, tant que faire se peut, les biais cognitifs (par exemple une confirmation des positions dominantes – voir schéma 38) : une analyse SWOT n'a de sens que si elle ouvre des nouvelles perspectives. Le rôle de l'animateur est ici déterminant.

Une autre difficulté dans l'application de la démarche tient dans le manque de hiérarchisation entre éléments (Agarwal *et al.*, 2012) et la faiblesse des liens de cause à effet entre ces derniers (Coman et Ronen, 2009). Une solution se situe dans la pondération des items, par exemple par rapport au niveau de contrôle que l'on peut avoir sur l'item (par exemple de 1 pour très faible à 5 pour très élevé) et par rapport à son niveau d'importance (en utilisant la même échelle). La localisation des items au croisement des deux axes permet de catégoriser le type d'action à prendre : les actions prioritaires, les « quick wins », la nécessité d'explorer ou d'exploiter une opportunité, etc.

Schéma 28 : La pondération des items d'une matrice SWOT

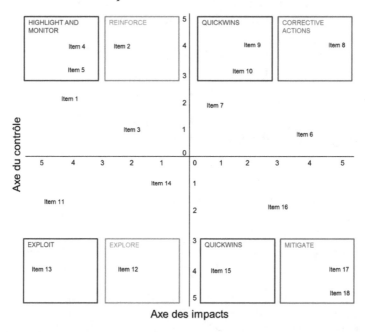

Axe des impacts

Les étapes d'une mise en application de la matrice SWOT sont les suivantes :

- Définir les objectifs et le champ d'application de la SWOT (la totalité de l'organisation, un domaine d'activité, un département, un processus, etc.) ;
- Donner une formation rapide aux participants sur la méthode et ses objectifs ainsi que sur les règles de prise de parole ;
- Lors du déroulement de l'exercice, avancer case par case. Chaque participant fait état de ses propositions, celles-ci sont, le cas échéant, recatégorisées dans les bonnes cases ;
- L'animateur du groupe organise les débats et « challenge » les positions afin de limiter les biais cognitifs ;

- Le groupe valide collectivement les résultats, tant dans leur contenu et leur formulation que dans leur localisation dans la matrice. Les éléments identifiés sont limités à quatre ou cinq items et doivent être exploitables (par exemple des opportunités concrètes ou atteignables) ou potentiellement sous contrôle (par exemple des faiblesses qui peuvent être résolues avec un niveau raisonnable d'efforts) ;
- Ces éléments sont ensuite pondérés et catégorisés selon le type d'action qu'ils nécessitent (*cf.* schéma 28) ;
- Les constats de la SWOT alimentent un plan stratégique définissant une série d'actions d'amélioration.

Bibliographie sélective

AGARWAL, R., GRASSL, W., PAHL, J. (2012). « Meta-SWOT : Introducing a New Strategic Planning Tool ». *Journal of Business Strategy*, 33, 2, 12-21.

CHERMACK, T.J., KASSHANNA, B.K. (2007). « The Use and Misuse of SWOT Analysis and Implications for HRD Professionals ». *Human Resource Development International*, 10, 4, 383-399.

COMAN, A., RONEN, B. (2009). « Focused SWOT : Diagnosing Critical Strengths and Weaknesses ». *International Journal of Production Research*, 47, 20, 5677-5689.

HELMS, M.M., NIXON, J. (2010). « Exploring SWOT Analysis – Where Are We Now ? ». *Journal of Strategy and Management*, 3, 3, 215-251.

HILL, T., WESTBROOK, R. (1997). « SWOT Analysis : It's Time for a Product Recall ». *Long Range Planning*, 30, 1, 46-52.

LEARNED, A., CHRISTENSEN, C., ANDREWS, R.S., GUTH, D. (1965). *Business Policy : Text and Cases*. Homewood, Irwin.

MINTZBERG, H., AHLSTRAND, B., LAMPEL, J. (2009). *Safari en pays stratégie : l'exploration des grands courants de la pensée stratégique*. Paris, Pearson.

3.2.3 Les scénarios de la prospective

Schéma 29 : Exemple de développement de scénarios (Bernard et al., 2012)

(Bernard *et al.*, 2012)

Comprendre le schéma

Lorsque l'on parle de prospective, il est avant tout nécessaire de fournir quelques précisions autour de notions proches en apparence telles que la prophétie, la planification ou encore la prévision. À la différence d'une prophétie, la prospective se base sur une démarche méthodique, argumentée et participative : la prospective se veut, en effet, un processus d'élaboration des scénarios potentiels d'un secteur à un horizon de temps déterminé. La prospective n'est pourtant pas planification. À la différence de cette dernière, la prospective a avant tout pour objectif d'identifier des problèmes émergents ou des signaux faibles ainsi que d'explorer les scénarios souhaités ou redoutés. En ce sens, la prospective ne se confond pas avec la prévision, définie comme la projection d'une tendance actuelle.

Enjeu pour le secteur public

Anticiper les évolutions potentielles d'un secteur afin de mieux envisager les moyens d'y répondre.

Forces et limites de l'approche

La prospective n'est donc pas un exercice d'extrapolation du passé ou d'estimation de la probabilité d'un futur sur un autre, l'approche prospectiviste ouvre sur de nouveaux cadrages, de nouvelles manières d'aborder les problèmes actuels ou en devenir (Durand, 2008). Elle intègre ce que l'on peut qualifier les éléments perturbateurs (*wild cards*), sinon même imprévisibles (*black swan*), et tente de faire émerger les signaux faibles pour en anticiper les effets. Le développement de scénarios a ainsi pour ambition de renforcer la capacité des acteurs à préparer un futur possible mais également à remettre en question leur perception de la réalité, leur cadre cognitif. La prospective est en ce sens un vecteur d'apprentissage concernant un secteur ou une activité (Chermack, 2005) mais aussi à l'échelle de plusieurs organisations (Schmidthuber et Wiener, 2018).

Implications managériales

La méthodologie de construction des scénarios repose essentiellement sur l'organisation d'ateliers de prospective. Composés d'acteurs de terrain et/ou d'experts, ces ateliers sont des groupes de réflexion et d'élaboration de scénarios. Une question de départ à poser afin de lancer les échanges est, par exemple, celle de savoir « de quoi votre métier sera fait dans 10 ans ? ». Il est en effet primordial de projeter les participants du groupe dans un avenir relativement proche afin de ne pas tomber dans de la « science-fiction » mais aussi relativement lointain afin d'explorer plus librement de nouvelles perspectives.

Classiquement, une démarche prospective par scénarios comprend trois étapes : la construction de la base des variables, le balayage du champ des possibles et enfin l'élaboration des scénarios (Godet, 2001). Comme le montre le schéma – relatif à une prospective concernant les évolutions en matière de justice et de chaîne pénale – la logique de l'exercice est de développer des micro-scénarios et des méso-scénarios à l'échelle de chacune des organisations concernées et, ensuite, d'identifier les différentes combinaisons susceptibles d'entraîner des scénarios globaux.

On remarquera également que le nombre de scénarios dégagés n'est pas anodin : deux scénarios impliquent une dichotomie « bon-mauvais », trois ont tendance à conduire à une gradation, quatre ou cinq scénarios permettent par contre de développer des vues contrastées.

Bibliographie sélective

BERNARD, B., DRUMAUX, A., MATTIJS, J. (2012). *La justice pénale en prospective : six scénarios à l'horizon 2020*. Bruxelles, Bruylant.

BERNARD, B., DRUMAUX, A., MATTIJS, J. (2014). « Opening Up Public Strategic Management : Foresights Contribution to Policy Relevance, Cooperation and Consistency ». In Bryson, J., Holzer, M., Joyce, P. (Eds.). *Developments in Strategic and Public Management*. Palgrave MacMillan, 59-72.

BERNARD, B., DRUMAUX, A., MATTIJS, J. (2015). « La prospective appliquée à la justice pénale belge : une méthodologie participative et intégrée ». *Revue française d'administration publique*, 2, 154, 523-538.

CHERMACK, T.J. (2005). « Studying Scenario Planning : Theory, Research Suggestions and Hypotheses ». *Technological Forecasting and Social Change*, 72, 1, 59-73.

DURAND, T. (2008). « Scenarios as Knowledge Transformed into Strategic "Representations" : The use of Foresight Studies to Help Shape and Implement Strategy ». *Management & Avenir*, 17, 3, 279-97.

GODET, M. (2001). *Manuel de prospective stratégique*. Paris, Dunod.

SCHMIDTHUBER, L., WIENER, M. (2018). « Aiming for a Sustainable Future : Conceptualizing Public Open Foresight ». *Public Management Review*, 20, 1, 82-107.

3.2.4 Les stratégies délibérées et émergentes

Schéma 30 : Les stratégies délibérées et émergentes selon Mintzberg et Waters (1985)

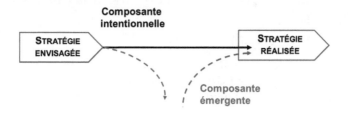

Comprendre le schéma

La démarche stratégique postule la formalisation d'une série d'objectifs dont la poursuite est censée produire un ou plusieurs effets positifs sur l'organisation (voir schéma 26). En ce sens, la stratégie se caractérise par une intention « balistique », autrement dit relative à l'atteinte d'une cible. Or, la mise en œuvre d'une stratégie se confronte nécessairement au réel du fonctionnement concret d'une organisation : la stratégie envisagée n'est que rarement implémentée en tant que telle en raison des rapports de force, des résistances, des routines ou des cultures en place. Par ailleurs, une stratégie envisagée établie à moyen ou à long terme va devoir s'adapter aux évolutions constantes d'un environnement.

Ainsi, la stratégie réellement mise en œuvre sera le fruit d'une combinaison entre une composante intentionnelle (la vision initiale explicite) et une composante émergente (les dynamiques organisationnelles). Dans le vocabulaire de Mintzberg et Waters (1985), il est question de stratégie « délibérée » et de stratégie « émergente ».

Enjeu pour le secteur public

Comprendre l'importance des dynamiques organisationnelles dans la poursuite des objectifs stratégiques.

Forces et limites de l'approche

Cette approche rappelle que la prise de décision stratégique n'est pas un processus purement objectif et qu'il est contraint par un certain nombre de forces. En d'autres termes, l'implémentation d'une stratégie ne suit pas uniquement le chemin planifié par le sommet hiérarchique mais subit des ajustements successifs. Ainsi, cette approche a pour intérêt de contester le « mythe » du décideur clairvoyant et rationnel dont les prises de décision suivent un processus linéaire de haut en bas de la structure organisationnelle (March, 1999). Il en ressort que la planification stratégique ne doit pas être limitée à une liste rigide d'objectifs mais se veut un outil contribuant aux changements nécessaires et à l'apprentissage organisationnel (Mintzberg, 2004).

Implications managériales

Les auteurs considèrent ces deux pôles comme un continuum au sein duquel se situent huit types de stratégies : les stratégies planifiée, entrepreneuriale, idéologique, parapluie, processus, déconnectée, consensus et imposée.

Bibliographie sélective

MARCH, J. (1999). « Les mythes du management ». *Annales des mines*, septembre, 4-12.

MINTZBERG, H. (2004). *Grandeur et décadence de la planification stratégique*. Paris, Dunod.

MINTZBERG, H., WATERS, J.A. (1985). « Of Strategies, Deliberate and Emerging ». *Strategic Management Journal*, 6, 3, 257-272.

3.2.5 La cartographie des parties prenantes

Schéma 31 : Exemple de cartographie des parties prenantes
(adapté de Bryson, 1992)

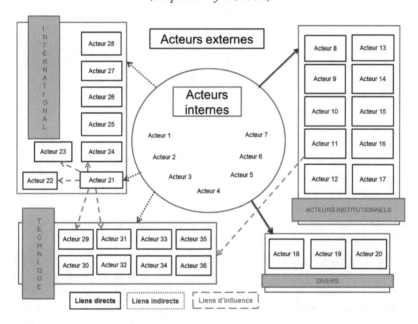

Comprendre le schéma

Une organisation ne peut fonctionner de manière isolée. Tant pour des raisons éthiques que de performance, il est nécessaire qu'une organisation publique s'intéresse aux positions des acteurs de son environnement sociopolitique. Ces parties prenantes (ou « stakeholders ») sont non seulement les acteurs qui jouent un rôle de contrôle (la tutelle politique ou administrative), de pression (lobby, associations) ou qui bénéficient des politiques menées (les usagers) mais, plus largement, il s'agit de l'ensemble des acteurs (internes ou externes à l'organisation) susceptibles de favoriser ou de contraindre l'action poursuivie.

Enjeu pour le secteur public

Inventorier et catégoriser les parties prenantes selon leur importance et leur capacité de soutien.

Forces et limites de l'approche

Cartographier son environnement organisationnel est une étape cruciale de la mise en application et de la poursuite d'une stratégie (Bryson, 1992, 2004). Afin d'atteindre les missions qui lui sont assignées, une organisation publique se doit d'identifier, d'une part, les parties prenantes qui ont un rôle d'influence dans le secteur et, d'autre part, celles qui montrent un intérêt pour la mission de l'organisation (Nutt et Backoff, 1992, 2011). Une cartographie n'est toutefois qu'une image statique : il sera ensuite nécessaire d'établir une gestion des relations avec les parties prenantes (voir schéma 33).

Implications managériales

Une première étape consiste à identifier de manière exhaustive les parties prenantes (internes ou externes) de l'organisation. Comme présenté dans le schéma 31, ces acteurs peuvent être rassemblés selon des familles utiles au regard des missions de l'organisation : par exemple, les acteurs institutionnels, les acteurs du niveau international, etc. Des premiers liens (directs, indirects, d'influence) peuvent également être établis.

La deuxième étape consiste à placer chacun de ces acteurs sur une matrice à deux dimensions : le niveau de pouvoir de cette partie prenante dans l'environnement sectoriel (i.e. sa capacité d'influence) et le niveau d'intérêt que porte cet acteur à la poursuite d'une mission (i.e. sa capacité de support). Comme présenté ci-dessous (voir schéma 32), ces différents niveaux peuvent être différenciés par une échelle « faible-moyenne-forte ».

De manière générale, on cherchera à s'allier aux acteurs du quadrant supérieur droit (forte influence-fort support) mais également à se rapprocher d'acteurs influents qui toutefois ne constituent pas encore une force de soutien. Il sera dès lors essentiel de développer des stratégies relationnelles différenciées (voir schéma 33).

Schéma 32 : *Exemple de cartographie des parties prenantes*
(adapté de Nutt et Backoff, 1992)

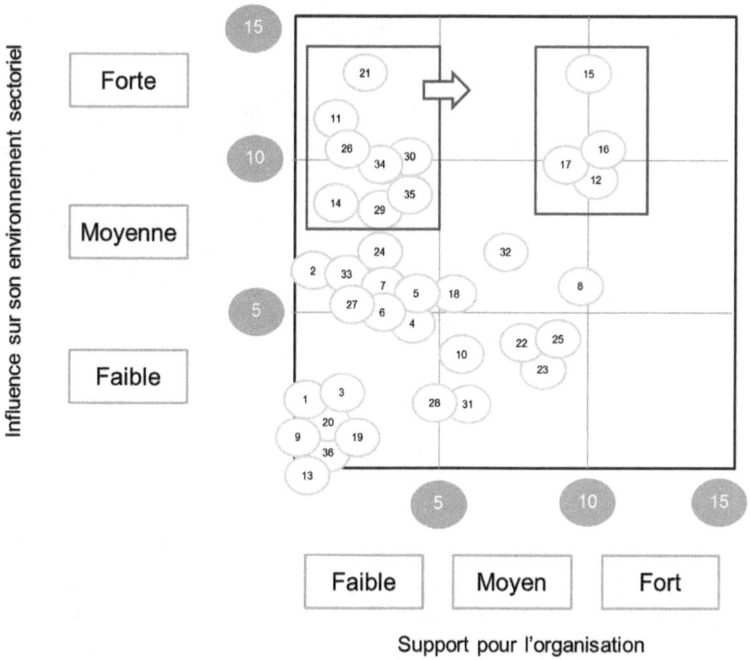

Bibliographie sélective

BRYSON, J. (1992). *Strategic Planning for Public and Non-profit Organizations.* San Francisco, Jossey-Bass.

BRYSON, J. (2004). « What to Do When Stakeholders Matter : Stakeholder Identification and Analysis Techniques ». *Public Management Review*, 6, 21-53.

NUTT, P.C., BACKOFF, R.W. (1992). *Strategic Management of Public and Third Sector Organizations : a Handbook for Leaders.* San Francisco, Jossey-Bass.

NUTT, P.C., BACKOFF, R.W. (2011). « A Strategic Management Process for Public and Third-Sector Organizations ». *Journal of the American Planning Association*, 53, 1, 44-57.

3.2.6 Les stratégies relationnelles avec les parties prenantes

Schéma 33 : Les stratégies relationnelles de Eden et Ackermann (1998)

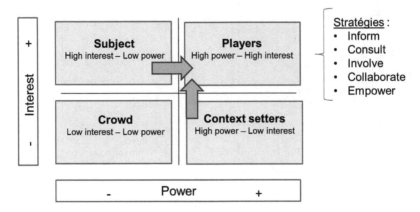

Comprendre le schéma

Afin d'utiliser de manière dynamique la cartographie des parties prenantes, il est nécessaire d'établir quelles sont les stratégies relationnelles spécifiques à mettre en œuvre. Dans le modèle présenté (Ackermann et Eden, 2011), les parties prenantes sont également discriminées selon leur niveau de pouvoir et d'intérêt. Dans la partie supérieure du schéma se situent les acteurs qui montrent le plus d'intérêt pour la mission de l'organisation. Dans la partie inférieure du schéma se trouvent les acteurs qui ne sont pas encore des partenaires dans la mesure où ils montrent un faible intérêt à la réussite de la mission poursuivie.

- Les « Players » sont les acteurs clés de l'environnement disposant d'un pouvoir d'influence et montrant un intérêt pour la cause défendue ;
- Les « Subjects » montrent de l'intérêt pour la mission menée mais ont peu de pouvoir. Il est dès lors stratégiquement intéressant d'augmenter leur niveau d'influence ;
- Les « Context setters » montrent peu d'intérêt mais sont par contre influents. Il est dès lors stratégiquement intéressant de renforcer l'intérêt qu'ils portent à votre mission ;
- Les « Crowd » sont des acteurs montrant peu d'intérêt et disposant de peu de pouvoir.

Enjeu pour le secteur public

Développer des stratégies relationnelles adaptées aux différentes catégories de parties prenantes.

Forces et limites de l'approche

La pertinence de cette typologie est de discriminer les différentes parties prenantes tout en identifiant les stratégies relationnelles à mettre en œuvre. L'outil n'est pas uniquement descriptif mais définit également des actions à mettre en œuvre. Ainsi, il est question d'identifier les stratégies relationnelles afin de transformer des « Subjects » ou des « Context setters » en « Players ». Pour le dire autrement, l'exercice consiste à développer des réseaux de soutien (ou des coalitions) autour d'acteurs qui ne montrent pas d'intérêt particulier à une mission mais aussi autour d'acteurs intéressés qui n'ont pas l'opportunité de monter en puissance ou encore qui n'ont pas conscience de leur force.

Implications managériales

Le modèle consiste donc à s'interroger sur l'identité des parties prenantes, sur ce qu'elles veulent et sur comment les faire participer à la réussite d'une action. Une première étape est de situer les différentes parties prenantes sur la typologie. Il s'agit ensuite de définir les stratégies relationnelles adaptées à la position des différents acteurs parmi les options suivantes :

- Informer : donner de l'information dans le but d'intéresser aux résultats d'une action ;
- Consulter : demander l'avis d'un acteur et le tenir informé du comment ont été prises en considération ses positions ;
- Impliquer : assurer que la position de la partie prenante sera reflétée dans la manière dont l'action va être menée ;
- Collaborer : donner l'opportunité à la partie prenante d'être intégrée directement aux discussions préalables à la prise de décision ;
- Autonomiser : la prise de décision appartient à la partie prenante et sa proposition sera dès lors mise en œuvre.

Bibliographie sélective

ACKERMANN, F., EDEN, C. (2011). « Strategic Management of Stakeholders : Theory and Practice ». *Long Range Planning*, 44, 179-196.

EDEN, C., ACKERMANN, F. (1998). *Making strategy*. Thousand Oaks, Sage.

3.2.7 La Balanced Scorecard et les cartes stratégiques

Schéma 34 : La BSC adaptée au secteur public (Kaplan, 2001)

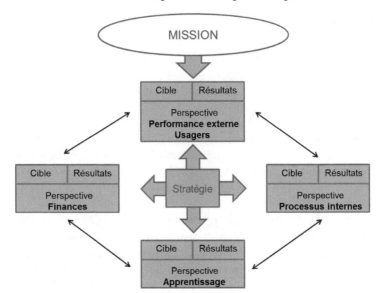

Comprendre le schéma

La « Balanced Scorecard » (BSC) ou « Tableau de Bord Prospectif », originellement développé dans le secteur privé (Kaplan et Norton, 1992), a pour ambition de clarifier la stratégie d'une organisation, d'obtenir l'alignement de l'ensemble des unités et des individus avec les objectifs privilégiés ainsi que d'assurer un contrôle des performances obtenues. Selon les auteurs, l'outil a été conçu dans le but de diminuer la prépondérance de l'axe financier et, par conséquent, de rééquilibrer (« Balanced ») les facteurs de performance.

Dans sa version adaptée au secteur public (Kaplan, 2001), la BSC prend pour point de départ les missions de l'organisation et s'attache, à travers quatre perspectives, à la question du « comment créer de la valeur pour nos usagers ? »

Enjeu pour le secteur public

Identifier les facteurs clés de performance et les mettre sous contrôle.

Forces et limites de l'approche

L'intérêt de la BSC est d'identifier les différentes dimensions (tangibles et intangibles) contribuant à la performance de l'organisation. Selon le modèle, ces dimensions entretiennent des relations de cause à effet. Les hypothèses dressées concernant les liens entre perspectives se basent sur des « cartes stratégiques » (Kaplan et Norton, 2004). Dans un exemple fréquemment cité, relatif au développement d'une carte stratégique de la ville de Charlotte aux États-Unis (voir schéma 35), les interrelations entre éléments de la carte permettent de clarifier les objectifs, de les traduire en actions de plus en plus concrètes au niveau des unités de base (modèle en cascade) et de définir les indicateurs mesurant l'atteinte des résultats. Par ailleurs, dresser une carte stratégique permet également de développer un sens partagé des objectifs entre les entités organisationnelles (les départements, services, etc.).

Schéma 35 : Illustration de la carte stratégique de la Ville de Charlotte (adapté de Kaplan, 1999)

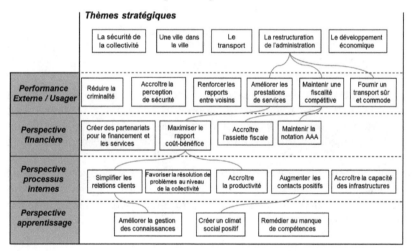

La BSC apporte donc une vision multidimensionnelle de la performance et favorise l'alignement stratégique de l'organisation. Toutefois, l'outil est aussi largement contesté. Derrière sa simplicité apparente (Benzerafa, 2007), sont soulevées des questions quant à la solidité des liens établis entre les axes de performance et, plus précisément, quant au manque de clarté de la méthode d'identification des relations de cause à effet (Norreklit, 2003 ; Northcott et Taulapapa, 2012). Ensuite, si la BSC est un outil charnière entre le niveau stratégique (la formalisation des objectifs) et le niveau opérationnel (la mise en œuvre), il repose essentiellement sur une logique descendante (top-down). Il en ressort que la BSC reste un outil normatif, peu participatif et qui encourt le risque de figer la stratégie dans le temps et, dès lors, de devenir un simple outil de contrôle de gestion.

Implications managériales

Les axes de la performance reposent sur les quatre perspectives suivantes :

- La perspective « Performance externe/Usagers » : cette perspective se préoccupe du suivi de la satisfaction des usagers. Il s'agit dès lors de se questionner sur « qui sont nos usagers, nos parties prenantes ? » et « comment pouvons-nous atteindre leur satisfaction ? » ;

- La perspective « Processus internes » : cette perspective s'intéresse aux agencements des activités nécessaires à la poursuite des missions. La question est de s'interroger sur les domaines dans lesquels nous devons exceller afin de satisfaire nos usagers ;

- La perspective « Finances » : cette perspective se focalise sur la maîtrise des ressources, il s'agit ici de se questionner sur le « comment pouvons-nous créer de la valeur dans les limites budgétaires et en contrôlant nos coûts ? » ;

- La perspective « Apprentissage » : cette perspective s'attache à la capacité d'une organisation à apprendre et à innover. La question est de s'interroger sur le « comment travailler ensemble, communiquer et s'améliorer afin de continuer à produire de la valeur publique ? ».

Le contenu de ces axes est alimenté par une carte stratégique qui dresse les relations de cause à effet. Sur cette base, les objectifs stratégiques sont déclinés aux différents niveaux organisationnels et mis sous contrôle par une série d'indicateurs.

Bibliographie sélective

BENZERAFA, M. (2007). « L'introduction de la BSC dans les administrations de l'État en France. Premières conclusions d'une recherche empirique ». *Politiques et Management Public*, 25, 4, 81-97.

KAPLAN, R.A. (2001). « Strategic Performance Measurement and Management in Non-profit Organizations ». *Non-Profit Management and Leadership*, 11, 3, 353-370.

KAPLAN, R.A. (1999). *City of Charlotte*, HBS case n° 9-199-043, 29 March.

KAPLAN, R.A., NORTON, D.P. (2004). « The Strategy Map : Guide to Aligning Intangible Assets ». *Strategy and Leadership*, 32, 5, 10-17.

KAPLAN, R.A., NORTON, D.P. (1992). « The Balanced Scorecard : Measures that Drive Performance ». *Harvard Business Review*, January-February, 71-79.

NØRREKLIT (2003). « The Balanced Scorecard : What is the Score ? ». *Accounting, Organizations and Society*, 28, 6, 591-619.

NORTHCOTT, D., TAULAPAPA, T.M. (2012). « Using the Balanced Scorecard to Manage Performance in public Sector Organizations ». *International Journal of Public Sector Management*, 25, 3, 166-191.

3.2.8 La cartographie des valeurs

Schéma 36 : Exemple de typologie des valeurs organisationnelles

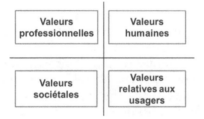

Comprendre le schéma

On entend par valeur la croyance partagée par un groupe, guidant la manière dont ses membres se comportent, agissent ou évaluent une situation. Les valeurs constituent donc des points de repères fondamentaux concernant les interactions entre individus, les exigences relatives au fonctionnement quotidien de l'organisation mais aussi, à plus long terme, afin d'assurer la survie du groupe (Schwartz, 1999, 2006). Les différentes valeurs présentes au sein d'une organisation forment un système de valeurs dont les techniques de cartographie permettent d'en faire l'inventaire. Pour illustration, dans l'exemple proposé, le système de valeurs organisationnelles se structure autour de quatre catégories principales : le métier, les relations humaines, la société, les relations aux usagers.

• Les valeurs « métier » : à savoir les valeurs concernant les compétences, les qualités techniques nécessaires à la réalisation de son travail. Quelles sont les valeurs à défendre afin de réaliser un « bon travail » ?

- Les valeurs « humaines » : à savoir les valeurs concernant les relations internes. Quelles sont les valeurs à défendre dans le cadre des relations internes, entre collègues et avec la hiérarchie ?
- Les valeurs « sociétales » : à savoir les valeurs concernant les missions. Quelles sont les valeurs à défendre afin d'atteindre nos missions d'utilité publique ?
- Les valeurs « usagers » : à savoir les valeurs concernant les relations avec nos partenaires. Quelles sont les valeurs à défendre dans le cadre de nos relations avec nos parties prenantes ?

Enjeu pour le secteur public

Identifier les valeurs susceptibles d'offrir une vision commune concernant les missions à poursuivre et les relations à entretenir.

Forces et limites de l'approche

L'identification des valeurs existantes au sein d'une organisation est une démarche utile afin d'évaluer quelles sont les valeurs à renforcer ou à modifier au regard des objectifs de l'organisation. Une cartographie des valeurs constitue ainsi un instrument d'orientation des comportements désirés et de mobilisation autour de valeurs communes. Il s'agit donc bien d'un outil stratégique. Toutefois, un système de valeurs ne se décrète pas : il est le fruit des rapports de force, de l'histoire de l'organisation, des générations ou encore des évolutions d'un environnement. Autrement dit, si la cartographie pose un inventaire des valeurs existantes, elle n'est pas un outil de changement en soi.

Implications managériales

Sur le plan de la méthode, le développement de la cartographie repose sur trois principes : la participation, la hiérarchisation et l'intégration. Concernant la participation, il est approprié que la plus grande part du personnel participe à l'identification des valeurs désirables. Une première étape du processus consiste ainsi en une récolte des propositions pour chacune des catégories de valeurs. Dans un deuxième temps, sur la base des propositions formulées, l'équipe en charge de la démarche établit par regroupement une liste de valeurs candidates (par exemple cinq à dix valeurs par catégorie). Cette liste est alors soumise au personnel pour sélection et hiérarchisation : il est par exemple demandé au personnel de choisir et de hiérarchiser trois propositions pour chaque catégorie. Enfin, les résultats sont communiqués et, le cas échéant, intégrés au plan stratégique de l'organisation (dans le cadre du triptyque mission – vision – valeurs).

Bibliographie sélective

SCHWARTZ, S.H. (1999). « A Theory of Cultural Values and Some Implications for Work ». *Applied Psychology*, 48, 1, 23-47.

SCHWARTZ, S.H. (2006). « A Theory of Cultural Value Orientations : Explication and Applications ». *Comparative Sociology*, 5, 2-3, 137-182.

3.2.9 Les styles de stratégie

Schéma 37 : Les styles stratégiques de Miles et Snow (1978)

	DEFENDER	PROSPECTOR	ANALYZER	REACTOR
ENJEUX	Recherche de stabilité	Recherche d'innovation	Recherche d'équilibre entre stabilité et flexibilité	Recherche d'adaptation
RELATION À L'ENVIRONNEMENT	Conservateur	Exploration Prise de risque	Attentisme Imitation	Stratégie instable
RELATION AU CHANGEMENT	Tendance à ignorer les innovations du secteur	Proactivité Changement comme outil d'adaptation	Changement orienté sur l'équilibre	Réactivité Ajustement permanent
ORGANISATION TYPE	Structure Mécanique	Structure Organique	Structure Matricielle	Structure indéfinie
RISQUES	Ne pas répondre aux demandes sociopolitiques émergentes	Utilisation excessive des ressources aux fins d'exploration	Coût organisationnel élevé Risque d'inefficacité et d'inefficience	Inadaptation chronique

Comprendre le schéma

Appliquée au secteur public, la typologie de Miles et Snow (1978) ne s'intéresse pas tant aux styles de stratégie permettant de renforcer sa position au sein de marchés, mais vise à améliorer le service rendu ainsi qu'à assurer un niveau élevé de performance organisationnelle. Selon les auteurs, quatre styles sont à dénombrer :

- « Defender » : cette position stratégique répond à une recherche de stabilité au niveau des domaines d'activités, des procédés utilisés ou de la manière de délivrer un service. Il y a un focus sur l'efficience des processus existants plutôt que sur la volonté de répondre aux demandes sociopolitiques émergentes. Dans cette approche plutôt conservatrice, l'organisation est généralement de type mécanique : c'est-à-dire caractérisée par une forte division du travail, une standardisation des pratiques, une centralisation de la prise de décision et une communication verticale par les canaux hiérarchiques, etc. ;

- « Prospector » : à l'opposé du style précédent, il y a recherche d'innovation et de nouvelles approches permettant de répondre aux demandes sociopolitiques. Cette position stratégique se base sur une recherche de proactivité, sur des capacités de prise de risque et sur une orientation sur le futur. Ce sont typiquement des organisations innovantes. La structure organisationnelle se définit le plus souvent par son caractère organique (par exemple par une faible division du travail et une polyvalence des agents) ainsi que par un faible degré de routinisation : le changement n'est pas perçu négativement mais comme un moyen de s'adapter ;

- « Analyzer » : à mi-chemin entre les deux premiers styles, il y a une recherche d'équilibre entre la stabilité et la flexibilité. La position d'analyzer est ainsi une position hybride entre une volonté de maintenir l'éventail des activités en place et une veille des nouvelles approches utilisées dans le domaine. Il en ressort une innovation par imitation des idées déjà éprouvées par d'autres. Sur le plan organisationnel, selon les auteurs, la structure privilégiée est une structure matricielle ;

- « Reactor » : ce style se caractérise par une prise d'action essentiellement réactive face aux changements de l'environnement, mais également par l'absence d'une stratégie claire. La recherche d'ajustement à l'environnement est permanente mais se caractérise par une approche instable et peu consistante. Selon les auteurs, reactor n'est pas une position stratégique à part entière dans le sens où une organisation devra à un moment ou l'autre s'orienter sur l'un des trois autres styles.

Enjeu pour le secteur public

Adapter et clarifier une position stratégique concernant le développement de ses activités.

Forces et limites de l'approche

L'intérêt de la typologie de Miles et Snow est d'offrir une première réflexion sur la manière dont une organisation publique perçoit la manière de délivrer un service et de le faire évoluer par rapport aux attentes de l'environnement. Selon les auteurs, les styles defender, prospector et analyzer sont à considérer comme des styles stratégiques pertinents tandis que reactor montre un niveau de performance plus faible. D'autres travaux menés dans le secteur public ont plus particulièrement identifié la pertinence générale des styles prospector (Walker, 2013) et defender (Andrews *et al.*, 2009).

Toutefois, au regard des contraintes réglementaires pesant sur le secteur public, le style reactor peut constituer un style délibéré et pertinent dans le sens d'une attention aux demandes successives du monde politique (Boyne et Walker, 2004).

Implications managériales

Malgré le cadre originel proposé par Miles et Snow (1978), les catégories de cette typologie ne doivent pas être considérées comme des styles caractérisant l'ensemble d'une organisation. En effet, une organisation peut ne pas se cantonner dans une position unique. On peut ainsi observer des types différents de stratégie selon les projets ou dans le temps. Pour illustration, un opérateur public de transport ferroviaire pourrait maintenir une position de defender par rapport à ses activités classiques et une position de prospector dans le cadre de nouveaux services. Par conséquent, les styles peuvent être combinés : il ne s'agit donc pas tant de choisir un style uniforme que d'identifier les positions stratégiques les plus adaptées selon ses domaines d'activités.

Bibliographie sélective

ANDREWS, R., BOYNE, G.A., LAW, J., WALKER, R.M. (2009). « Strategy Formulation, Strategy Content and Performance ». *Public Management Review*, 11, 1, 1-22.

BOYNE, G.A., WALKER, R.M. (2004). « Strategy Content and Public Service Organizations ». *Journal of Public Administration Research and Theory*, 14, 2, 231-252.

MILES, R.E., SNOW, C.C. (1978). *Organizational Strategy, Structure and Process*. New York, McGraw-Hill.

WALKER, R.M. (2013). « Strategic Management and Performance in Public Organizations : Findings from the Miles and Snow Framework ». *Public Administration Review*, 73, 5, 675-685.

3.2.10 Les biais cognitifs

Schéma 38 : Les biais cognitifs

	Biais cognitifs	Effets
Acquisition de l'information	L'ancrage : s'attacher à sa perception initiale ou se focaliser sur une unique variable (effet de cadrage des possibilités)	Perception limitée de la complexité de la situation, rejet des informations non conformes à ses positions de départ
	Le biais de confirmation : rechercher les informations qui confortent sa vision, sa solution	Sélection des informations confirmatoires
Traitement du problème	Le biais de conformité (« Bandwagon » ou « Groupthink effect ») : ne percevoir que les choix de son groupe d'appartenance	Conformisme, vision de groupe
	La focalisation sur une solution préférée : se focaliser sur les seuls avantages de sa solution	Peu de solutions vraiment étudiées, rejet prématuré de solutions alternatives
	Le raisonnement par analogie : transposer des cas simples et connus aux cas complexes ou non identifiés	Évaluation insuffisante et choix inadaptés
Prise de décision	La représentativité : généraliser abusivement sur la base d'éléments considérés comme représentatifs	Mauvaise appréciation des causes et conséquences
	L'escalade : poursuivre l'action engagée d'autant plus qu'elle ne produit pas les effets attendus	Minimisation des facteurs contingents, de l'évolution de la situation
	Le « Wishful thinking » : prendre une décision sur la base d'une situation désirée	Confusion entre désir et réalité
	L'illusion de contrôle : surestimer son degré de contrôle sur le cours des événements (ou biais d'optimisme)	Surestimation des chances de succès et forte prise de risques

Comprendre le schéma

Les biais cognitifs sont des représentations mentales d'un problème et de la manière dont il doit être résolu. S'ils permettent de poser un jugement rapide sur une situation, ils induisent dans le même temps un raisonnement qui peut s'avérer erroné lors de l'acquisition de l'information, le traitement du problème ou la prise de décision. En effet, la perception fonctionne comme un tout globalisant et unique : les propriétés d'un objet ou d'une situation auront donc tendance à être regroupées dans le sens particulier que lui confère l'individu qui perçoit, et donc, en définitive, en vertu de son cadre de référence ou d'intérêt.

Ainsi, sans surprise, la perception des informations est sélective. Elle fonctionne comme un filtre à travers lequel ne passe qu'une partie des informations : on ne perçoit plus alors que ce que l'on s'attend à voir. Diverses typologies identifient les biais cognitifs et leurs impacts (Laroche et Nioche, 2006 ; Bazerman, 2005 ; Schwenk, 1984, 1985 ; Hogarth, 1980), le schéma ci-dessus en offre une vue synthétique et non exhaustive.

Enjeu pour le secteur public

Prendre conscience des mécanismes individuels et collectifs conduisant à des prises de décisions infondées.

Forces et limites de l'approche

L'organisation mentale des informations perçues repose sur certains grands principes généraux tels que la proximité (on analyse une situation à partir des informations les plus répandues ou simplement disponibles), la similitude (une situation est rattachée à une gamme de situations déjà connues et jugées similaires) ou encore l'analogie (la situation est évaluée sur la base d'un cas précédent). Ainsi, selon Tversky et Kahneman (1974), les individus fonctionnent sur la base « d'heuristiques », c'est-à-dire sur la base de procédés par lesquels ils évaluent une situation sans mettre en œuvre une réelle démarche analytique. Ces auteurs ont ainsi identifié une série de distorsions génériques dans le traitement de l'information :

- La disponibilité : à savoir le mécanisme général conduisant à percevoir un fait plus important qu'un autre parce que plus saillant, fréquent ou observable. Par exemple, les faits faisant l'objet d'une large médiatisation seront perçus comme plus importants ;

- L'existence de précédent : qui conduira à surestimer la fréquence d'un événement parce qu'un événement similaire a déjà été observé (et inversement) ;
- La perception sélective : ce que l'on s'attend à voir déforme ce que l'on voit ;
- L'information concrète : le souvenir disponible d'une information concrète ou vécue l'emporte sur une information abstraite ou statistique ;
- La loi des petits nombres : les événements qui se produisent sont considérés plus représentatifs qu'ils ne le sont réellement, quelques cas confirment alors la règle ;
- L'illusion du joueur : la répétition d'un nombre inattendu d'événements semblables due au hasard amène à croire qu'un élément nouveau ne peut manquer de se produire (par exemple, considérer qu'après neuf fois le rouge à la roulette, les chances de voir le noir sortir sont supérieures à 50 %).

Implications managériales

Éviter les biais cognitifs passe inévitablement par la prise en considération des points de vue divergents et par le décloisonnement de l'information au sein d'une organisation.

Bibliographie sélective

BAZERMAN, M.H. (2005). *Judgement in Managerial Decision Making*. New York, Wiley.

HOGARTH, R.M. (1980). *Judgment and Choice : the Psychology of Decision*. New York, Wiley.

LAROCHE, H., NIOCHE, J.-P. (2006). « L'approche cognitive de la stratégie d'entreprise ». *Revue française de gestion*, 1, 160, 81-105.

SCHWENK, C.R. (1984). « Cognitive Simplification Processes in Strategic Decision-Making ». *Strategic Management Journal*, 5, 2, 111-128.

SCHWENK, C.R. (1985). « Management Illusions and Biases : Their Impact on Strategic Decision ». *Long Range Planning*, 18, 5, 74-80.

TVERSKY, A., KAHNEMAN, D. (1974). « Judgment under Uncertainty : Heuristics and Biases ». *Science*, 185, 1124-1131.

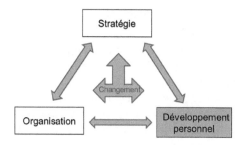

3.3 Le développement personnel

3.3.1 Les styles de leadership : orientation tâche ou relation ?

Schéma 39 : Les styles de leadership selon Blake et Mouton (1964, 1985)

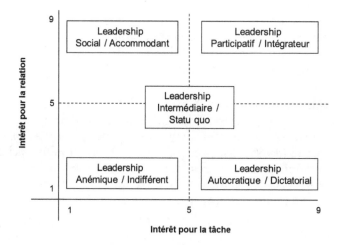

Comprendre le schéma

La motivation des équipes, l'atteinte d'un résultat ou le changement des pratiques sont autant d'enjeux prioritaires du management public pour lesquels faire preuve de leadership est indispensable. En tant que chef de projet, chef d'équipe ou même agent, il est désormais inévitable d'être amené à coordonner un ou plusieurs groupes et à devoir convaincre du bien-fondé des objectifs poursuivis. Faire preuve de leadership est donc moins lié à une fonction (par exemple celle de manager) qu'à la construction d'une relation entre un individu (le leader) et un groupe (les collaborateurs ou « followers »).

Cette relation n'est donc pas nécessairement basée sur une autorité hiérarchique formelle. Au contraire, le leadership est une démarche consistant à guider, persuader, convaincre, donc à susciter l'adhésion (sur la vision, les buts, les méthodes, etc.) et la motivation nécessaires à l'atteinte d'objectifs. Ainsi, à l'inverse d'une vision du leadership fondée sur un ensemble de traits de personnalité, la qualité d'un leader ne se juge pas à l'aune de ce qu'il est mais de ce qu'il fait : autrement dit, sur son style de leadership.

Parmi les nombreuses typologies tentant d'identifier ces différents styles, les travaux de Blake et Mouton (1964, 1985) mettent en évidence deux dimensions clés du comportement d'un leader – un focus sur la tâche *vs* un focus sur la relation – et les cinq styles qui en découlent :

- Leader Social ou Accommodant (1,9) : l'accent est placé en priorité sur les besoins des individus afin d'établir et de maintenir de bonnes relations au sein du groupe (« Country club »). Ce style quelque peu paternaliste recherche le confort des collaborateurs (une ambiance conviviale, un rythme confortable, etc.) dans l'espoir d'une meilleure performance. Il y a inversement peu de préoccupation envers l'atteinte des résultats.

- Leader Autoritaire ou Dictatorial (9,1) : ce style est fortement orienté sur la réalisation des tâches (« Produce or perish ») mais aussi sur une forte concentration du pouvoir dans les mains du leader se matérialisant par une prise de décision individuelle, une communication descendante, un ancrage sur les règlements et la mise en place de moyens de contrôle. Réduire le facteur humain à sa partie congrue est ici perçu comme un gage d'efficacité.

- Leader Participatif ou Intégrateur (9,9) : il y a création d'un climat de travail en équipe, participatif et intégrateur. Par une attention équilibrée entre la tâche et la relation, ce style de leadership tente de susciter l'implication et l'autonomisation des membres du groupe en établissant une relation de confiance ainsi qu'en encourageant les initiatives. Ce style de leadership est considéré comme un modèle supérieur.

- Leader Intermédiaire ou Statu quo (5,5) : il y a également équilibre entre les nécessités de production et le maintien des relations. Toutefois, en recherchant une voie médiane (« Middle of the road »), le leader joue sur plusieurs tableaux sans s'affirmer clairement (communication sélective, contrôle discret, etc.).

- Leader Anémique ou Indifférent : ce style se caractérise par son caractère minimal et est basé sur une attitude de « Laissez-faire ». C'est en réalité un style de non-gestion. Ce type de leader est peu impliqué, ne communique que très peu et laisse se développer volontairement les conflits.

Enjeu pour le secteur public

Identifier son style de leadership et son orientation tâche ou relation.

Forces et limites de l'approche

Le modèle de Blake et Mouton met en exergue l'importance d'une orientation tâche ou relation sur le style de leadership. Les auteurs ne donnent toutefois que peu de guidance sur ce qui constitue un « bon » leader au regard de différentes situations.

Or, selon Fiedler (1967), un type d'orientation sera plus adapté qu'un autre selon les circonstances (modèle de la contingence). Au-delà du bon sens inhérent à cette proposition, il faut comprendre qu'il existe des incompatibilités entre des situations spécifiques et le choix d'un style de leadership. En principe, le caractère favorable ou défavorable de la situation est déterminé par le degré de contrôle sur :

- La qualité de la relation entre un leader et son groupe : celle-ci peut, entre autres, se matérialiser par un niveau élevé de confiance et de respect réciproque (existence d'une communication ouverte, d'une reconnaissance et de la légitimité du leader) ;
- Le caractère structuré des tâches à réaliser (*vs* ambiguïté des tâches) et la clarté des méthodes à mettre en œuvre ;
- La position de pouvoir du leader, c'est-à-dire son niveau d'autorité formelle.

Ainsi, un leadership orienté tâche sera optimal dans le cadre de situations dites favorables ou défavorables. De manière générale, une orientation tâche est appropriée lorsque le leader est reconnu comme tel ou détient un pouvoir formel (situation favorable) lui permettant de se préoccuper en priorité du travail à accomplir. Dans une situation défavorable, par exemple caractérisée par une faible structuration des tâches (c'est-à-dire une forte incertitude concernant la méthode, les objectifs à suivre ou la possibilité d'aboutir), une orientation tâche sera également performante.

En d'autres termes, le leadership orienté tâche est considéré meilleur lorsque :

- Le leader possède une expérience ou des compétences techniques supérieures à ses collaborateurs ;
- Le collaborateur est nouveau ;
- Le groupe est important ;
- Il existe une situation d'urgence.

À l'inverse, dans le cadre d'une situation qualifiée de modérément favorable, un leadership orienté relation est plus approprié afin d'accompagner les membres du groupe vers une meilleure compréhension des processus et de renforcer le rôle de support joué par le leader. Ainsi, le leadership orienté relation est considéré meilleur lorsque :

- Les collaborateurs ont un niveau d'expérience limité et témoignent d'un besoin de soutien ;
- La tâche est ingrate ou perçue comme routinière ;
- Il existe une situation de stress.

Schéma 40 : Le leadership contingent selon Fiedler (1967)

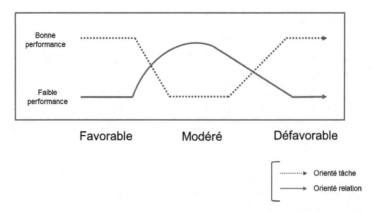

Implications managériales

Ces modèles impliquent tout d'abord qu'un leader soit conscient de son inclination tâche ou relation. Dans ce cadre, des tests rapides basés sur la grille de Blake et Mouton sont une première aide en la matière. Ensuite, un leader doit également être capable de comprendre si la situation est favorable ou non selon les critères énoncés plus haut.

En effet, un échec dans la conduite d'un projet ou la gestion d'un groupe peut ne pas être lié au manque de motivation ou de compétence du leader mais à l'inadaptation de son style de leadership. La construction d'une relation avec ses collaborateurs apparaît comme essentielle dans des situations où leur accompagnement est nécessaire. Pour le dire autrement, le manager exerce une fonction, un leader établit une relation : il est dès lors question de s'intéresser aux relations d'échanges entre un leader et ses collaborateurs.

Bibliographie sélective

BLAKE, R.R., MOUTON, J. (1964). *The Managerial Grid : Key Orientations for Achieving Production Though People*. Houston, Gulf.

BLAKE, R.R., MOUTON, J. (1985). *The Managerial Grid III : The Key to Leadership Excellence*. Houston, Gulf.

FIEDLER, F.E. (1967). *A Theory of Leadership Effectiveness*. New York, McGraw-Hill.

3.3.2 Le leadership situationnel : comprendre son groupe

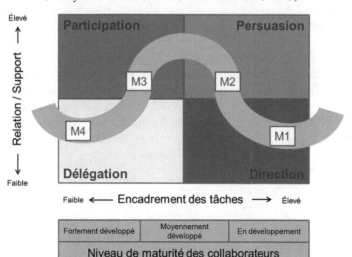

Schéma 41 : Le leadership situationnel
(Hersey et Blanchard, 1977 ; Blanchard et al., 1985)

Comprendre le schéma

Pour Hersey et Blanchard (1977), un leader doit adopter le style de leadership le plus approprié à la situation rencontrée. Il n'y a donc pas de style supérieur en soi mais un style plus adapté qu'un autre. La partie haute du schéma montre ainsi les quatre styles de leadership identifiés par les auteurs :

- Direction (« Directing » ou « Telling » dans une appellation plus ancienne) : se définit par un niveau élevé d'encadrement des tâches (c'est-à-dire définir les objectifs, établir les échéances, cadrer les méthodes, exercer une supervision, etc.) et par un niveau faible de support aux collaborateurs. Le leader est alors le décideur.

- Persuasion (« Coaching » ou « Selling » dans une appellation plus ancienne) : le niveau d'encadrement des tâches et le niveau de support aux collaborateurs sont élevés grâce à une communication ouverte, de l'écoute ainsi qu'à une prise en considération des aspects émotionnels et psychosociaux. L'attention est portée au partage d'information et aux explications nécessaires à la bonne compréhension des objectifs.

- Participation (« Participating ») : le niveau d'encadrement des tâches est faible et le niveau de support aux collaborateurs est élevé. Les responsabilités en matière de prise de décision sont partagées.

- Délégation (« Delegating ») : se définit par un niveau d'encadrement des tâches faible et, de même, par un niveau de support aux collaborateurs faible. Il en ressort une forte autonomisation des collaborateurs.

Mais sur quelle base choisir un style ? Selon les auteurs, la détermination du style le plus approprié se base sur la compréhension du niveau de maturité (ou « Readiness ») du groupe, à savoir le niveau de compétence et de motivation des collaborateurs (par exemple, la capacité du groupe à s'imposer des objectifs, la volonté d'assumer des responsabilités, l'état de confiance, le niveau de formation ou d'expérience, etc.). Comme le montre la partie inférieure du schéma, quatre niveaux de maturité sont à corréler avec les quatre styles de leadership :

- Niveau de maturité « M1 » : les collaborateurs n'ont pas le niveau de connaissance nécessaire et sont peu motivés. Le style « direction » s'impose : il s'agit d'établir des instructions, d'organiser et de planifier le travail, de contrôler les activités.

- Niveau de maturité « M2 » : les collaborateurs manquent de connaissances et montrent une motivation variable. Le style « persuasion » est pertinent, il s'agit d'expliquer et de convaincre du bien-fondé des options prises.

- Niveau de maturité « M3 » : les collaborateurs disposent de connaissances mais leur motivation reste faible. Le style « participation » est approprié et se traduit par de l'écoute, de la négociation, l'implication des collaborateurs.

- Niveau de maturité « M4 » : les collaborateurs sont à la fois motivés et compétents. Le style « délégation » est à favoriser. Le leader est le vecteur de l'autonomisation des collaborateurs, du renforcement de leur prise d'initiative et se veut un soutien à leur développement.

Enjeu pour le secteur public

Mettre en relation le niveau de maturité d'un groupe et un style de leadership approprié.

Forces et limites de l'approche

Le modèle a reçu diverses critiques concernant la faisabilité d'une évaluation de la maturité de ses collaborateurs ou même concernant sa validité. Un style Directing semble en effet peu propice à améliorer la motivation de collaborateurs montrant peu d'enthousiasme.

Toutefois, le modèle offre l'idée selon laquelle le leadership est un exercice d'adaptation de son comportement selon les circonstances. D'autre part, le modèle souligne que le leadership a également pour objectif de soutenir l'engagement et l'apprentissage de ses collaborateurs. Un leader ne pourra donc avancer seul sans son groupe et son efficacité sera fonction de sa capacité à articuler les orientations tâche et relation.

Implications managériales

En termes d'implémentation, les étapes sont les suivantes :

- Évaluer le niveau de maturité de ses collaborateurs sur une matrice compétence / motivation (par exemple par un questionnaire de type LASI – « Leader Adaptability and Style Inventory ») ;

- Identifier le type de leadership rencontrant le plus de probabilité de réussir ;

- Accompagner ses collaborateurs vers un niveau de maturité supérieur ;

• Réévaluer régulièrement le niveau de maturité de ses collaborateurs et adapter son style en conséquence.

Bibliographie sélective

BLANCHARD, K.H., ZIGARMI, P., ZIGARMI, D. (1985). *Leadership and the One Minute Manager : Increasing Effectiveness through Situational Leadership.* New York, Morrow.

HERSEY, P., BLANCHARD, K.H. (1977). *Management of Organizational Behavior : Utilizing Human Resources.* New Jersey, Prentice Hall.

3.3.3 Le leadership situationnel : comprendre son collaborateur

Schéma 42 : Les « chemins » d'accompagnement selon House (1996)

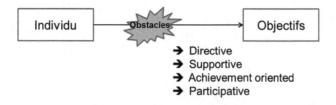

Comprendre le schéma

Selon le modèle de House (1996), le rôle du leader est d'identifier le chemin le plus approprié afin d'accompagner son collaborateur vers l'atteinte d'un objectif (« Path-goal theory »). Face à un obstacle, quatre styles sont à envisager afin de maintenir et renforcer la motivation d'un collaborateur :

• Directif : dans une situation d'ambiguïté ou d'incompréhension des tâches de la part d'un collaborateur, le style le plus optimal est celui qui permet de clarifier les attentes, les méthodes et les délais à respecter. Ainsi, l'accompagnement d'un nouvel arrivant (peu expérimenté) ou d'un collaborateur en manque de confiance (par exemple, face à une nouvelle tâche) exige de définir le niveau des attentes à atteindre et les instructions nécessaires.

• Soutien : ce style consiste à répondre aux besoins psychosociaux de ses collaborateurs et, plus particulièrement, à renforcer leur estime de soi – en particulier dans le cadre de tâches stressantes, dangereuses ou monotones.

- Participatif : il y a consultation des collaborateurs avant prise de décision par le leader. Ce style tend à renforcer l'implication des collaborateurs dans la poursuite des activités.
- Orienté résultat : le leader définit des objectifs à atteindre. Ce style s'avère optimal lorsque la tâche est complexe et qu'elle repose sur la prise d'initiative et l'autonomie des collaborateurs.

Enjeu pour le secteur public

Adapter son style de leadership en fonction des moments et des besoins en motivation de ses collaborateurs.

Forces et limites de l'approche

Ce modèle met également en avant la flexibilité du leader face à une situation spécifique. Plus précisément, l'attention se porte sur la nécessité de construire une relation individualisée avec ses collaborateurs afin d'assurer leur motivation. On entend par la notion de « Leader-Member Exchanges » (LMX), le processus par lequel un leader élabore et maintient une relation avec un collaborateur. La qualité de cette relation (LMX élevé) est synonyme de réciprocité dans la relation et d'obtention de résultats positifs en termes de satisfaction des collaborateurs, de performance et d'un faible taux de rotation de poste (Dulebohn *et al.*, 2012).

D'autres travaux ont également montré l'importance de cette relation dans une démarche de construction du sens donné aux activités (Tummers et Knies, 2013). Inversement, un faible niveau de LMX entraîne une forme de relation basée essentiellement sur un échange « donnant-donnant », du type temps de travail contre rémunération.

Implications managériales

Ce modèle n'est pas unanimement reconnu scientifiquement mais offre la possibilité de s'intéresser à la relation – qualifiée de « dyadique » – entre un leader et ses collaborateurs au regard des situations vécues par ces derniers. À la différence des modèles de leadership précédents, les quatre styles peuvent être utilisés selon les moments et selon les situations particulières vécues par différents collaborateurs.

Bibliographie sélective

DULEBOHN, J.H., BOMMER, W.H., LIDEN, R.C., BROUER, R.L., FERRIS, G.R. (2012). « A Meta-Analysis of Antecedents and Consequences of Leader-Member Exchange : Integrating the Past with an Eye toward the Future ». *Journal of Management*, 38, 1715-1759.

HOUSE, R.J. (1996). « Path-goal Theory of Leadership : Lessons, Legacy, and a Reformulated Theory ». *Leadership Quarterly*, 7, 3, 323-352.

TUMMERS, L.G., KNIES, E. (2013). « Leadership and Meaningful Work in the Public Sector ». *Public Administration Review*, 73, 6, 859-868.

3.3.4 Les ancres de carrière et les valeurs individuelles de base

Schéma 43 : Les ancres de carrières selon Schein (1978, 1996)

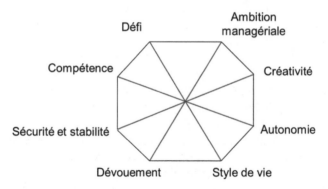

Comprendre le schéma

La théorie des ancres de Schein (1978, 1996) considère que chaque individu est porteur d'un système de valeur orientant ses choix de carrière. L'auteur définit huit ancres de carrière (qualifiées également « d'orientations de carrière ») :

- La compétence technique : l'individu est en recherche de développement et de la reconnaissance de son expertise. Une nouvelle affectation sera acceptée si elle constitue une opportunité de renforcer ses compétences ;

- L'ambition managériale : l'ambition de l'individu est d'atteindre des postes à responsabilités. Il y a recherche de promotion verticale régulière afin d'accéder au sommet de la hiérarchie ;

- L'autonomie : l'individu montre un désir d'indépendance, d'autonomie dans la prise de décision, si nécessaire par la poursuite de projets personnels (profil d'indépendant, profession libérale) ;

- Sécurité et stabilité : l'individu privilégie un contexte confortable au contenu de la tâche ou à la position hiérarchique. Une réaffectation sera *a priori* mal vécue s'il y a mise en péril de cette stabilité ;

- Créativité entrepreneuriale : la carrière est orientée autour de la volonté de créer et d'innover. La décision de mobilité dépend de l'opportunité de maintenir des activités de développement ;

- Dévouement à une cause : l'individu privilégie une fonction et des activités en cohérence avec ses valeurs, la défense d'une cause ou de ses centres d'intérêt ;

- Défi pur : cette ancre se dépeint par l'ambition de relever des challenges, de surmonter des obstacles. La mobilité n'a de sens que dans le dépassement de ses limites personnelles ;

- Style de vie : l'équilibre vie professionnelle-vie privée est primordial. Il y aura renoncement à une évolution de carrière si elle risque d'interférer avec la qualité de vie.

Dans le cadre du secteur public, les identités classiques sont liées aux ancrages de type sécurité – sécurité d'emploi – et dévouement – la volonté d'œuvrer pour l'intérêt général dans un souci d'équité et d'égalité de traitement. Ces ancres sont d'ailleurs typiques du « Public Service Motivation » (Perry et Wise, 1990 ; Hondeghem et Vandenabeele, 2005), concept défini comme une prédisposition, une inclination à s'engager pour autrui, à contribuer au bien-être de la société et à promouvoir les valeurs du secteur public.

Toutefois, plutôt qu'une mise en avant de ces valeurs traditionnelles de service public, il a été montré que les fonctionnaires accordent une importance grandissante à leur employabilité ainsi qu'aux compétences nécessaires à l'exercice d'un métier spécifique (Emery et Martin, 2008). Autrement dit, les ancres relatives aux dimensions créativité et compétence sont désormais également privilégiées.

Concernant la question de savoir ce qui sous-tend les motivations des individus, il est possible également de se référer à la théorie des valeurs de Schwartz (1999, 2006) qui identifie dix valeurs de base.

Schéma 44 : Les valeurs de base selon Schwartz (1999, 2006)

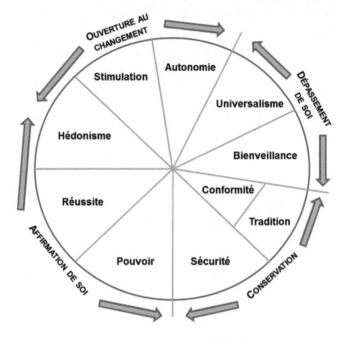

Ces valeurs sont définies de la manière suivante :

- L'autonomie : l'individu est en recherche d'indépendance en termes de pensée et d'action. L'objectif est d'être en mesure de choisir, de créer, d'explorer.

- La stimulation : se caractérise par de l'enthousiasme face à la nouveauté et aux défis. Ces besoins sont considérés en relation avec ceux qui sous-tendent l'autonomie.

- L'hédonisme : il y a recherche de plaisir ou de gratification sensuelle.

- La réussite : l'objectif visé est le succès personnel obtenu par la reconnaissance de ses compétences.

- Le pouvoir : se caractérise par la volonté d'obtenir un statut social prestigieux, de contrôler des ressources et d'exercer un rôle dominant.

- La sécurité : l'individu est en recherche de sûreté, d'harmonie et de stabilité au niveau individuel et dans ses relations aux autres.

- La conformité : il y a modération des actions, des préférences et des impulsions susceptibles de déstabiliser les autres ou encore de transgresser les normes sociales.

- La tradition : se caractérise par le respect, l'engagement et l'acceptation des coutumes et des idées soutenues par la culture ou la religion auxquelles on se rattache. Les valeurs de tradition et de conformité ont pour trait commun la subordination du sujet aux attentes imposées par d'autres. Ces deux valeurs sont en ce sens placées dans la même zone du schéma.

- La bienveillance : l'objectif visé est la préservation et l'amélioration du bien-être des personnes avec lesquelles on se trouve fréquemment en contact.

- L'universalisme : il y a compréhension, estime, tolérance et protection du bien-être de tous et de la nature.

Enjeu pour le secteur public

Comprendre les attentes et les besoins d'un individu en termes de motivation et de capacité à évoluer au sein d'une organisation.

Forces et limites de l'approche

Les ancres et les valeurs peuvent être considérées comme des éléments moteurs des choix de carrière d'un individu. Concernant les ancres, et selon les positions initiales de Schein, il existerait une seule ancre dominante tout au long d'une carrière. Toutefois, il est plutôt question aujourd'hui de considérer qu'un individu est, d'une part, porteur de plusieurs ancres et, d'autre part, qu'elles évoluent au fil d'un parcours professionnel.

Divers travaux ont par ailleurs montré les complémentarités mais aussi les contradictions entre les éléments de ces théories. Concernant les ancres, des travaux (Feldman et Bolino, 1996) ont proposé trois groupes d'ancres afin d'affiner la compréhension des orientations de carrière chez un individu : un premier groupe identifiant les talents et les compétences mobilisés dans l'exécution des tâches (la compétence technique, l'ambition managériale et la créativité entrepreneuriale), un deuxième concernant les motivations et les besoins (la sécurité / stabilité, l'autonomie et le style de vie) et, enfin, un groupe portant sur les attitudes et les valeurs structurant l'identité professionnelle de l'individu (le dévouement à une cause et le défi).

Cette même approche par opposition et compatibilité se retrouve dans la théorie des valeurs. Comme le montre le schéma 44, s'opposent, d'une part, l'ouverture au changement et la continuité et, d'autre part, l'affirmation de soi et le dépassement de soi : certaines valeurs sont ainsi en conflit (par exemple la bienveillance s'oppose à la recherche de la réussite) ou, au contraire, vont de pair (par exemple la conformité et la sécurité).

D'autres recherches (Wils *et al.*, 2007) ont également tenté d'établir des correspondances entre les deux approches. Il en ressort des corrélations entre le dépassement de soi et les ancres compétence, dévouement ; entre la conservation et les ancres sécurité et stabilité, style de vie ; entre l'affirmation de soi et l'ancre ambition managériale ; entre l'ouverture au changement et les ancres défi, autonomie, créativité.

Implications managériales

La difficulté majeure pour l'individu est de percevoir clairement la nature de ses ancres ou de ses valeurs. Des tests rapides propres à chaque approche permettent d'identifier ses traits motivationnels principaux.

Plus fondamentalement, la compréhension des ancres ou des valeurs présentes chez un individu est une démarche importante dans un cadre de promotion ou de réaffectation de fonction : ainsi, pour exemple, il ne sera pas toujours judicieux d'offrir un poste à responsabilité hiérarchique à un individu porteur d'une orientation compétence. De même, un individu valorisant la stimulation sera probablement attiré par une fonction qui l'amènera à relever des défis et à prendre des risques, à la différence d'un individu recherchant la sécurité et la conformité.

Toutefois, malgré leurs liens évidents avec les questions de motivation, les théories des ancres et des valeurs ne permettent pas de comprendre ce qu'est la motivation et comment elle apparaît ou disparaît.

Bibliographie sélective

EMERY, Y., MARTIN, N. (2008). « Quelle identité d'agent public aujourd'hui ? Représentations et valeurs au sein du service public suisse ». *Revue française d'administration publique*, 3, 127, 559-578.

FELDMAN, D.C., BOLINO, M.C. (1996). « Career within Careers : Reconceptualizing the Nature of Career Anchors and their Consequences ». *Human Resource Management Review*, 6, 2, 89-112.

HONDEGHEM, A., VANDENABEELE, W. (2005). « Valeurs et motivation dans le service public, perspectives comparatives ». *Revue française d'administration publique*, 115, 463-480.

PERRY, J.L., WISE, L.R. (1990). « The Motivational Bases of Public Service ». *Administration Review*, 50, 367-373.

SCHEIN, E.H. (1978). *Career Dynamics : Matching Individual and Organizational Needs.* Reading, Addison-Wesley.

SCHEIN, E.H. (1996). « Career Anchors Revised : Implications for Career Development in the 21ˢᵗ Century ». *The Academy of Management Executive*, 10, 4, 80-88.

SCHWARTZ, S.H. (1999). « A Theory of Cultural Values and Some Implications for Work ». *Applied Psychology*, 48, 1, 23-47.

SCHWARTZ, S.H. (2006). « Les valeurs de base de la personne : théories, mesures et applications ». *Revue française de sociologie*, 47, 4, 929-968.

WILS, T., LUNCASU, M., WAXIN, M.-F. (2007). « Développement et validation d'un modèle de structuration des valeurs au travail ». *Relations Industrielles*, 62, 2, 305-332.

3.3.5 La motivation : la théorie bi-factorielle d'Herzberg

Schéma 45 : La théorie bi-factorielle de la motivation (Herzberg, 1971)

Facteurs d'hygiène, de maintenance et d'ambiance	Facteurs moteurs
• La relation avec le supérieur • La politique et la gestion de l'organisation • Les conditions de travail • Les relations entre collègues • La sécurité • Le statut • Le niveau de salaire	• L'accomplissement (le travail bien fait) • La reconnaissance • Le travail proprement dit • La responsabilité • L'avancement • Le développement

Comprendre le schéma

La question posée par Herzberg est celle de savoir « ce que veulent les individus de leur travail ». L'auteur constate l'existence de deux types de facteurs, chacun d'eux montrant un impact différent sur la motivation : d'une part, les facteurs – qualifiés de moteurs – qui conduisent à la satisfaction des individus et, d'autre part, les facteurs qui génèrent au mieux de l'indifférence, au pire de l'insatisfaction – à savoir les facteurs d'hygiène, de maintenance et d'ambiance.

Il ressort des travaux de Herzberg que les facteurs apportant de la satisfaction aux individus sont fortement liés à la reconnaissance obtenue, aux possibilités de développement personnel ou plus largement aux conditions d'accomplissement de son travail. Ces facteurs sont donc bien ceux qui engendrent de la motivation. À l'inverse, si les facteurs d'hygiène peuvent pousser l'individu à agir, ils ne suscitent pas de motivation.

Enjeu pour le secteur public

Comprendre la nature des facteurs de motivation chez ses collaborateurs.

Forces et limites de l'approche

Selon Herzberg, la motivation des individus réside dans l'atteinte d'un résultat, la reconnaissance d'un succès, une délégation de responsabilité, etc. autrement dit, des facteurs qualifiés d'intrinsèques, c'est-à-dire en relation directe avec le contenu du travail. Inversement, les facteurs tels que de mauvaises conditions de travail, la nature du commandement ou une insécurité d'emploi amènent un mécontentement, mais leur disparition sera rapidement considérée comme « normale ». Ces facteurs sont de type extrinsèque, c'est-à-dire dépendant, dans une large mesure, de l'organisation. En d'autres mots, l'absence des facteurs d'hygiène peut affecter la performance d'un collaborateur mais leur présence n'entraîne pas de motivation.

Cette approche a le mérite d'identifier les facteurs essentiels de la motivation. Celle-ci repose sur la satisfaction de besoins humains relatifs à l'enrichissement des tâches. Toutefois, l'approche ne se penche pas sur la question de savoir par quels processus s'enclenchent la motivation et la démotivation (voir schéma 46).

Implications managériales

Un manager doit ainsi s'appuyer sur les facteurs moteurs dans la mesure où ils sont les seuls susceptibles d'exercer une influence sur la satisfaction.

Par ailleurs, la croyance généralisée voulant que l'individu désirant gagner plus d'argent serait automatiquement motivé à fournir plus d'efforts n'est pas fondée. Dans le cas du secteur public, il a été ainsi montré que la rémunération à la performance (« pay for performance ») n'avait pas d'influence sur le degré de satisfaction des fonctionnaires (Rouban, 2010) et pouvait même montrer des effets pervers (Weibel *et al.*, 2009).

En effet, les incitants financiers peuvent avoir un impact positif sur la motivation dans le cas d'emplois qualifiés de « peu intéressants » – il y aura alors un effet potentiellement positif sur la performance. Toutefois, concernant les emplois dits « intéressants », l'effet sera négatif car ce type d'emploi est souvent lié à une motivation intrinsèque.

Dans ce cas de figure, il n'y aura donc pas d'impact sur la motivation puisqu'elle repose sur des facteurs liés à l'intérêt porté à l'accomplissement de son travail. L'introduction d'un système de rémunération à la performance entraîne même le risque que l'individu opère un changement d'ordre cognitif favorisant une motivation extrinsèque (l'aspect financier) alors que sa motivation initiale était intrinsèque.

Bibliographie sélective

HERZBERG, F. (1971). *Le travail et la nature de l'homme.* Paris, EME.

ROUBAN, L. (2010). « L'univers axiologique des fonctionnaires ». *Revue française d'administration publique,* 132, 771-788.

WEIBEL, A., ROST, K., OSTERLOH, M. (2009). « Pay for Performance in the Public Sector-Benefits and (Hidden) Costs ». *Journal of Public Administration Research and Theory,* 20, 387-412.

3.3.6 La motivation : le modèle VIE

Schéma 46 : Le modèle Valence-Instrumentalité-Expectation de la motivation (Vroom, 1964)

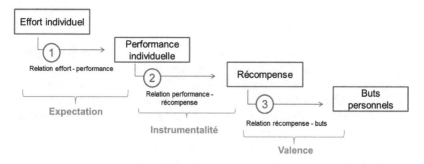

Comprendre le schéma

La théorie des attentes de Vroom (1964) identifie trois étapes interconnectées nécessaires au processus motivationnel.

1. « Expectation » : il s'agit de la perception d'un individu concernant sa capacité à atteindre un objectif fixé. La question posée est celle de savoir « quelles sont mes chances de réussite ? ». Le processus motivationnel s'enclenche si l'individu perçoit une probabilité satisfaisante que ses efforts se traduiront par une réussite. La motivation passe donc par une première étape qualifiée de relation

effort-performance. Cette étape montre toute l'importance de définir des objectifs considérés comme atteignables par un collaborateur.

2. « Instrumentalité » : le processus motivationnel se poursuit si l'individu perçoit une probabilité satisfaisante d'accéder à une récompense : « que vais-je pouvoir obtenir ? ». Cette étape repose sur la croyance d'un collaborateur quant à la possibilité d'obtenir un avantage mais aussi et surtout sur la confiance envers son manager. Il s'agit de la relation performance-récompense.

3. « Valence » : correspond au degré d'attraction de la récompense pour l'individu. Les termes de la question sont alors les suivants : « les avantages potentiels sont-ils en lien avec mes attentes ? ». Le processus motivationnel n'est complet que si la valeur attribuée par l'individu à la récompense est en cohérence avec ses préférences (relation récompense-buts personnels). Il est dès lors essentiel de comprendre la nature des ancres, des valeurs, des attentes intrinsèques ou extrinsèques d'un collaborateur.

Enjeu pour le secteur public

Comprendre le processus psychologique de base structurant le processus de motivation.

Forces et limites de l'approche

À la différence de modèles basés sur la satisfaction (voir schéma 45), la motivation ne se focalise pas sur la volonté de combler un besoin mais repose sur trois facteurs qui s'enchaînent et se combinent de façon multiplicative : il n'y a motivation que si un individu pense pouvoir atteindre un objectif (expectation) qui lui procure un avantage (instrumentalité) représentant une valeur à ses yeux (valence). On ajoutera que des travaux ultérieurs ont affiné le modèle de Vroom par l'identification des variables pouvant modifier le processus motivationnel telles que les capacités individuelles, les expériences positives ou négatives dans des situations similaires ou encore l'attribution de récompenses dans le passé (Rojot *et al.*, 2009).

Implications managériales

De manière opérationnelle (Hellriegel et Slocum, 2006), les étapes suivantes sont à retenir :

- Identifier les avantages ou les résultats auxquels les individus accordent de la valeur ;

- Formaliser et communiquer le résultat attendu de manière observable ou mesurable ;
- S'assurer que le niveau de performance peut être atteint ;
- Établir un lien entre un résultat à atteindre et un avantage désiré.

Ainsi, sur un mode quantitatif, le processus motivationnel se traduit par la formule « Motivation = E x I x V ». Toute variable égale à 0 entraîne une rupture dans le processus de motivation. Sur un mode qualitatif, une approche basée sur la compréhension des attentes de ses collaborateurs implique, en amont, de s'intéresser aux représentations subjectives des individus mais aussi et surtout d'assurer un feed-back régulier sur les objectifs et leur niveau d'atteinte (Charpentier, 2007).

Bibliographie sélective

CHARPENTIER, P. (2007). *Management et gestion des organisations*. Paris, Armand Colin.

HELLRIEGEL, D., SLOCUM, J.W. (1993). *Management des organisations*. Bruxelles, De Boeck.

ROJOT, J., ROUSSEL, P., VANDENBERGHE, C. (2009). *Comportement organisationnel (Volume 3). Théories des organisations, motivation au travail, engagement organisationnel.* Bruxelles, De Boeck.

VROOM, V.H. (1964). *Work and Motivation*. New York, Wiley.

3.3.7 La gestion des compétences

Schéma 47 : Les trois dimensions de la compétence

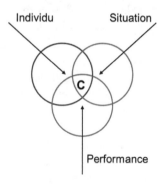

Comprendre le schéma

La notion de compétence (C) se définit au travers de différentes idées-clés. Tout d'abord, la compétence est liée à un individu et se caractérise par son hétérogénéité. Lorsque l'on parle de compétence, il faut considérer les notions de savoir (K pour Knowledge) – i.e. les connaissances scientifiques, techniques, etc. –, de savoir-faire (S pour Skills) – à savoir les expériences pratiques, la maîtrise d'outils, etc. –, et de savoir-être (A pour Attitude) – qui concerne les aptitudes comportementales ou relationnelles.

Une compétence ne peut d'ailleurs se comprendre que dans le cadre d'une situation de travail spécifique. Une compétence est en effet un agencement, une capacité de mobilisation des dimensions KSA face à une activité, un contexte spécifique, une contrainte ou un problème à résoudre (McClelland, 1973).

En définitive, une compétence est liée à un objectif. Elle n'a donc de sens que dans la poursuite d'une performance à atteindre. Selon Boyatzis (1982), une compétence se définit en effet comme la « caractéristique sous-jacente d'une personne qui a pour effet d'améliorer le niveau de performance atteint dans le cadre de l'exercice d'une fonction ».

Enjeu pour le secteur public

Identifier les compétences indispensables à l'accomplissement des tâches, tant traditionnelles qu'innovantes.

Forces et limites de l'approche

L'intérêt de la notion de compétence est qu'elle met l'accent sur les capacités d'action des individus, plutôt que sur leurs diplômes, afin d'atteindre un résultat. Premièrement, la gestion des compétences joue une fonction d'adéquation entre les besoins d'une organisation (les compétences requises pour mener une activité déterminée) et les compétences existantes chez un individu.

Deuxièmement, l'accent sur les compétences permet également de remplir une fonction d'intégration verticale dans le sens où les compétences permettent d'adapter l'organisation aux évolutions de l'environnement (par exemple, dans le cas de nouveaux métiers à développer, de nouveaux services à délivrer).

Troisièmement, l'intégration est aussi horizontale puisqu'il y a l'opportunité de mettre en cohérence les processus RH autour des compétences : ces dernières deviennent alors essentielles afin de sélectionner les candidats les plus adaptés, d'évaluer le personnel, de définir les formations nécessaires, de penser les affectations et la mobilité ou encore de définir une politique de rémunération.

La gestion des compétences se caractérise toutefois par la lourdeur et le coût de son implémentation. Plus fondamentalement, et à la différence d'un modèle basé sur la qualification – c'est-à-dire la reconnaissance d'un diplôme et sa mise en relation avec un niveau de rémunération –, l'approche par les compétences entraîne une individualisation de la gestion des ressources humaines : l'approche est en effet synonyme du passage d'une responsabilité de moyens à une obligation de résultat qui tend à peser sur les agents eux-mêmes (Reynaud, 2001).

Implications managériales

La gestion des compétences passe nécessairement par une étape d'identification des exigences afin de mener à bien les activités, ensuite par l'évaluation des compétences existantes au niveau individuel et, enfin, par une étape d'analyse des écarts entre les exigences et l'existant.

De manière plus spécifique (Le Boterf, 2006), l'évaluation peut être posée par le biais de la performance (la compétence est évaluée au regard des résultats atteints), de l'activité (la compétence est évaluée à travers la conformité des pratiques par rapport aux attentes) ou de l'individu (la compétence est évaluée sur la base de la capacité de l'individu à combiner ses compétences et à apprendre sur lui-même).

Bibliographie sélective

BOYATSIS, R. (1982). *The Competent Manager.* New York, Wiley.

LE BOTERF, G. (2006). *Construire les compétences individuelles et collectives.* Paris, Éditions d'Organisation.

McCLELLAND, D.C. (1973). « Testing for Competence rather than for Intelligence ». *American Psychologist*, 28, 1-14.

REYNAUD, J.-D. (2001). « Le management par les compétences : un essai d'analyse ». *Sociologie du travail*, 43, 7-31.

3.3.8 La gestion des connaissances

*Schéma 48 : Les blocs constitutifs de la gestion des connaissances
(adapté de Probst et al., 2000)*

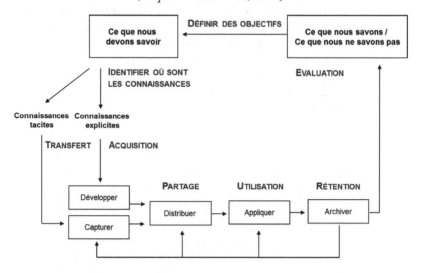

Comprendre le schéma

De nombreuses organisations publiques subissent ou vont subir des départs importants de leur personnel. Dans ce cadre, la gestion des connaissances (« Knowledge management ») s'attache aux enjeux de transfert, de rétention et de partage des connaissances. Plus largement, la gestion des connaissances est un processus composé de « building blocks » parmi lesquels on trouve :

- La définition des objectifs d'apprentissage : cette étape consiste à identifier les écarts entre les connaissances existantes et celles qui restent à obtenir par rapport aux besoins de l'organisation. Ces objectifs sont intégrés à une stratégie d'apprentissage globale (formation, recherche et développement, etc.) et sont traduits dans un plan opérationnel.

- L'identification des connaissances : il est ici question de savoir dans quel département, chez quel expert se situe la connaissance. Un outil typique consiste à faire l'inventaire des différents domaines de connaissances et de compétences de chaque membre du personnel (on parle par exemple de « pages jaunes », à savoir une sorte de bottin des connaissances disponibles collaborateur par collaborateur).

- L'acquisition : l'étape est celle du développement des connaissances lacunaires, par exemple par le suivi d'un plan de formation ou d'un programme de R&D. Les connaissances acquises sont essentiellement explicites, à savoir les connaissances codifiables, formalisables dans un écrit (livre, procédure, guide, etc.).

- Le transfert : *a contrario*, ce qui est visé ici est plutôt de l'ordre du savoir tacite. Dans l'exercice de leurs activités, les individus développent une expérience, des savoir-faire dont ils n'ont pas toujours conscience de l'importance et qui, d'autre part, ne sont pas toujours aisés à transmettre.

- Le partage : de manière plus large, les connaissances nécessaires à la bonne exécution des activités. La dimension technologique de la gestion des connaissances est ici essentielle : serveur, plateforme de partage, portail, etc.

- L'utilisation : il s'agit ici de s'assurer que les connaissances mises à disposition sont utilisées et cela de manière appropriée.

- La rétention : une organisation produit au quotidien des éléments de connaissance tels que des rapports, des études, des évaluations mais aussi des prises de décision. Il est dès lors primordial de mettre en place un système de documentation permettant d'archiver ces éléments et de pouvoir les retrouver rapidement.

- L'évaluation : après la mise en œuvre du processus, l'évaluation a pour objectif d'identifier les connaissances critiques dont il faut renforcer l'acquisition ou le transfert. L'outil présenté dans le chapitre suivant (voir schéma 50) montre comment poser une évaluation des connaissances critiques.

Enjeu pour le secteur public

Aborder de manière systématique les enjeux de développement, de transfert et d'utilisation des connaissances.

Forces et limites de l'approche

Le processus décrit apporte une prise en considération systématique des questions de gestion des connaissances. Plus spécifiquement, la dimension tacite des connaissances et les moyens d'en assurer le transfert sont souvent peu pris en compte. Or de nombreux métiers du secteur public (réaliser une inspection, rédiger une réglementation, publier un marché public, gérer un projet, etc.) comportent une face « cachée » dont la transmission aux nouveaux arrivants est un facteur crucial de performance (Dalkir, 2012).

Le savoir ne doit toutefois pas être perçu comme un objet que l'on peut mettre sous contrôle (Gherardi et Nicolini, 2000). Les connaissances se construisent en effet dans l'action, dans la pratique quotidienne et se manifestent parfois de manière peu visible à travers des règles communes, des routines ou des procédures.

Connaissances tacites et explicites sont également en interconnexion. Selon Nonaka (1994), les connaissances se créent selon quatre modes au sein d'un processus en spirale :

- par socialisation : c'est-à-dire du tacite au tacite, par exemple dans le cadre d'un apprentissage sur le tas ;
- par externalisation : du tacite à l'explicite, c'est-à-dire par la formalisation d'une connaissance au sein d'une guidance, d'une procédure, etc. ;
- par combinaison : de l'explicite à l'explicite, à savoir par l'assemblage de différentes connaissances explicites acquises ;
- par internalisation : de l'explicite au tacite, dans ce cadre les connaissances sont intégrées et font partie du système de référence de l'individu.

Schéma 49 : La spirale de la connaissance (Nonaka, 1994)

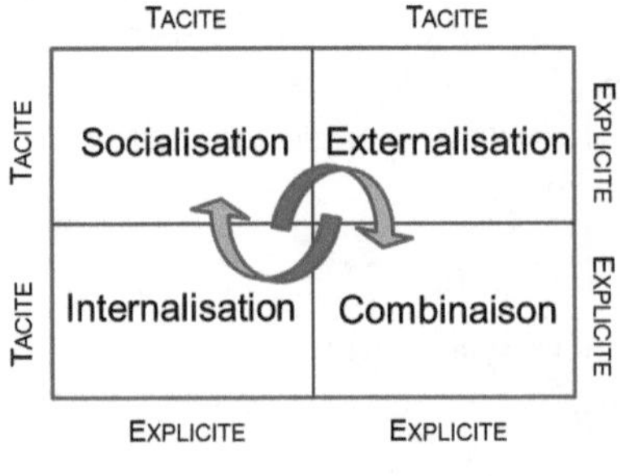

Implications managériales

Les enjeux liés aux connaissances touchent toutes les activités d'une organisation. En ce sens, la gestion des connaissances repose sur une approche processus dont l'ambition est d'aborder ces aspects de manière transversale (Bernard, 2011).

Un autre trait distinctif de la gestion des connaissances tient dans son caractère conceptuel. La gestion des connaissances est pourtant également orientée sur l'implémentation concrète d'outils. Parmi les différents outils de la gestion des connaissances, on peut identifier les instruments d'évaluation des connaissances critiques (voir schéma 50). On peut également mentionner la rédaction de « Knowledge books ». Ces livres de connaissance ont pour but de faire l'état des lieux d'un domaine mais également de capter les éléments tacites insistant sur le pourquoi certains choix ont été posés (les méthodes, les processus, etc.) et sur le comment ils ont été mis en place.

Bibliographie sélective

BERNARD, B. (2011). « Knowledge Management Practices Applied within a TSO : the Role of Technical Responsibility Centers ». *International Journal of Nuclear Knowledge Management*, 5, 4, 348-360.

DALKIR, K. (2012). « La continuité du savoir : préservation et transmission du savoir dans le secteur public ». *Télescope*, 16, 1, 146-167.

GHERARDI, S., NICOLINI, D. (2000). « To Transfer is to Transform : The Circulation of Safety Knowledge ». *Organization*, 7, 2, 329-348.

NONAKA, I. (1994). « A Dynamic Theory of Organizational Knowledge Creation ». *Organization Science*, 5, 1, 14-37.

PROBST, G., RAUB, S., ROMHARDT, K. (2000). *Managing Knowledge – Building Blocks for Success*. Chichester, Wiley.

3.3.9 L'évaluation des connaissances critiques

Schéma 50 : La Knowledge Critical Grid (Bernard, 2017)

K Domains	K Documentation	K Complexity	Number of possessors	Volatility level	Profile Rarity	Risk of loss	Vulnerability level	K critical level	Actions proposed

Columns grouped: "Volatility issues" spans K Documentation, K Complexity, Number of possessors, Volatility level; "Vulnerability issues" spans Profile Rarity, Risk of loss, Vulnerability level.

Comprendre le schéma

Si les organisations produisent des connaissances, elles en perdent inévitablement en raison des phénomènes de « knowledge leaking » – à savoir la perte de connaissances due au départ des experts, aux lacunes dans le transfert des connaissances ou aux faiblesses dans la gestion documentaire – et de « knowledge sticking » – le fait que les professionnels dotés d'une expertise ne montrent pas une tendance naturelle à partager leurs connaissances. Afin d'organiser une meilleure rétention des connaissances, il convient avant tout d'identifier les connaissances critiques d'une organisation (Massingham, 2010 ; Ermine, 2010).

Le modèle d'évaluation présenté, la Knowledge Critical Grid (KCG), se base sur cinq catégories de la rétention des connaissances : le niveau de documentation – la complexité de la connaissance – le nombre de porteurs de la connaissance – la disponibilité d'experts sur le marché – le risque de perdre les porteurs de la connaissance. L'évaluation de ces catégories se traduit en un niveau de « volatilité », i.e. le niveau de contrôle de la connaissance, et de « vulnérabilité », i.e. le niveau de menace sur l'organisation (Bernard, 2017).

Enjeu pour le secteur public

Identifier les connaissances critiques et organiser leur rétention.

Forces et limites de l'approche

Cette matrice des connaissances critiques n'est pas un outil strictement quantitatif mais un outil de support au diagnostic des pertes potentielles de connaissances et à la prise d'actions correctives. La particularité de cette matrice est également d'être un outil proactif. En effet, il ne s'agit pas de remplir de manière réactive cette grille dès l'annonce du départ d'un collaborateur (Jennex, 2014) mais de l'utiliser de manière régulière et systématique afin d'assurer une période nécessaire à l'implémentation des actions nécessaires (développement de guidance, programme de mentoring, de coaching, rotation de poste, succession planning, etc.).

Implications managériales

En termes d'utilisation, le responsable de l'assessment évalue chacune des cinq catégories sur une échelle de 1 (reflétant une situation satisfaisante) à 4 (reflétant une situation critique) à l'aide d'une grille décrivant chacun de ces niveaux. Par exemple, pour la catégorie relative à la documentation, la question d'évaluation est celle de savoir si des guidances ou des procédures sont disponibles dans le domaine. L'évaluateur se situe par conséquent sur les niveaux suivants :

- Niveau 1 : le domaine de connaissance est complètement documenté ;

- Niveau 2 : des procédures sont partiellement rédigées ;
- Niveau 3 : le domaine de connaissance n'est pas formalisé mais peut l'être relativement facilement ;
- Niveau 4 : le domaine de connaissance est complètement tacite et exige des efforts importants pour être formalisé.

Après l'évaluation des cinq catégories en vertu de la même approche, les niveaux de volatilité et de vulnérabilité sont définis, respectivement, sur la base de la moyenne des trois premières colonnes et des deux dernières colonnes de la KCG. Les niveaux de volatilité et de vulnérabilité sont alors reportés au sein d'une matrice afin d'identifier une échelle de priorité adéquate (voir schéma 51).

Schéma 51 : La matrice de prise de décision adaptée à la KCG (Bernard, 2017)

Volatility		Vulnerability 1	Vulnerability 2	Vulnerability 3	Vulnerability 4
	4	Action	Action	Priority Actions	
	3	Monitor	Action	Priority Actions	
	2	No action Recommendations possible		Action	Action
	1			Monitor	Action
		1	2	3	4
		Vulnerability			

Bibliographie sélective

BERNARD, B. (2017). « Assessing the Risk of K-loss within CoPs : the "Knowledge Critical Grid" Model Applied within the Belgian TSO ». *International Journal of Nuclear Knowledge Management*, 7, 1, 25-36.

ERMINE, J.-L. (2010). « Methods and Tools for Knowledge Management in Research Centers ». *Electronic Journal of Knowledge Management*, 8, 3, 293-306.

JENNEX, M.E. (2014). « A Proposed Method for Assessing Knowledge Loss Risks with Departing Personnel ». *VINE*, 44, 2, 185-209.

MASSINGHAM, P. (2010). « Knowledge Risk Management : a Framework ». *Journal of Knowledge Management*, 14, 3, 464-485.

3.3.10 L'apprentissage en double boucle

Schéma 52 : L'apprentissage par boucle selon Argyris et Schön (1978)

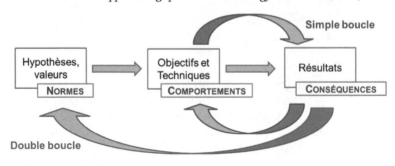

Comprendre le schéma

Selon une des métaphores utilisée par Morgan (1999), une organisation est également un cerveau (voir schéma 12). Cela implique qu'une organisation est capable de traiter de l'information dans une optique d'apprentissage et de prise de décision. Dans la lignée des travaux d'Argyris et Schön (1978), on entend par apprentissage la capacité d'une organisation à détecter et corriger ses erreurs. Face à des résultats insatisfaisants (le niveau des conséquences), un apprentissage en « simple boucle » se limite à modifier les objectifs ou les techniques utilisées par le processus (le changement se situe alors au niveau des comportements, des pratiques).

Par contre, un apprentissage en « double boucle » (« Double loop learning ») implique un changement en profondeur du cadre de représentations, des hypothèses sous-jacentes (le changement se situe ici au niveau des normes). Pour illustration, face au non-respect récurrent d'un délai d'exécution, la simple boucle consistera à modifier en tout ou en partie les manières de faire, par exemple en modifiant une procédure ou une instruction de travail : on tentera alors de faire les choses mieux. La double boucle consiste par contre à changer sa manière de penser, par exemple en réévaluant le sens d'un processus : il s'agit ici de penser les choses différemment.

Enjeu pour le secteur public

Envisager le changement et les améliorations nécessaires de manière approfondie.

Forces et limites de l'approche

Les travaux de Argyris et Schon montrent que la simple modification des comportements ne suffit pas toujours à corriger une situation insatisfaisante. L'apprentissage en « double boucle » implique une remise en question des normes établies mais aussi des pratiques ou des orientations stratégiques qui en découlent. Pour les auteurs, le changement passe aussi par une transformation du cadre de référence. On parlera dès lors d'une organisation « apprenante ».

Implications managériales

Dans ses grandes lignes, la méthode proposée par Argyris (1977) tente d'opérer une rupture avec les pratiques et surtout les manières de penser en place. Pour ce faire, par la conduite de séminaires collectifs, il s'agit de faire prendre conscience des forces d'inhibition (les conformismes, les « routines défensives », les camouflages, les rapports de force, etc.) qui empêchent le traitement en profondeur des problèmes.

Bibliographie sélective

ARGYRIS, C. (1977). « Double Loop Learning in Organizations ». *Harvard Business Review*, September/October, 115-125.

ARGYRIS, C., SCHÖN, D. (1978). *Organisation Learning : a Theory of Action Perspective*. London, Addison-Wesley.

MORGAN, G. (1999). *Images de l'organisation*. Québec, Presses de l'Université Laval.

3.4 La conduite du changement

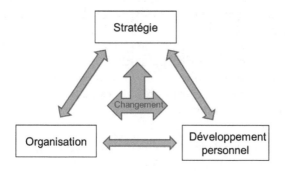

3.4.1 Les modèles planifié et émergent du changement

Schéma 53 : Les modèles planifié et émergent du changement

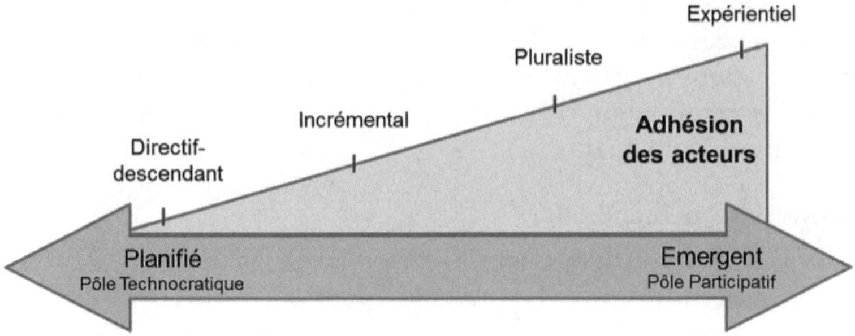

Comprendre le schéma

Le changement est un thème majeur de la gestion des organisations publiques. Il est aussi un thème paradoxal dans la mesure où peu de projets de changement aboutissent. S'il est difficile d'estimer avec précision les taux de succès – moins de 30 % selon certains auteurs (Burnes, 2011) –, force est de constater qu'il y a plus de projets qui subissent des échecs que des projets qui atteignent les résultats initialement prévus. Parmi les facteurs contribuant au manque d'efficacité des démarches de changement, il est entre autres relevé l'importance du choix du modèle et de son caractère approprié au projet ou à la structure organisationnelle.

Les deux approches dominantes et antagonistes de la gestion du changement sont le modèle planifié et le modèle émergent. L'approche planifiée se caractérise par une exigence de programmation et de formalisation des étapes nécessaires à l'aboutissement d'un projet. Autrement dit, l'approche planifiée tente de définir *a priori* et de manière centralisée (dans une vision top-down) la séquence des actions dont la succession ordonnée sera gage de réussite. De manière idéal-typique, cette approche est faite d'optimalité (il n'y a qu'une solution), de linéarité (il n'y a qu'un chemin possible) et de rationalité (les étapes du changement sont préétablies de manière logique). Dans le modèle planifié, la conduite du changement se focalise sur le pôle technocratique.

En contrepoint, l'approche émergente du changement s'élabore « chemin faisant », au rythme des propositions et des impulsions de la base (dans une vision bottom-up). Le contenu du projet de changement n'est donc pas totalement connu au début du projet mais se construit et se définit au fil des compromis entre les différents points de vue. Le changement effectif est ici celui qui rencontre l'adhésion du plus grand nombre des acteurs organisationnels. Dans ce modèle, c'est le pôle participatif de la gestion du changement qui est privilégié.

Les pôles technocratique et participatif constituent les extrémités d'un continuum au sein duquel différents styles intermédiaires de conduite du changement peuvent être identifiés (Rusaw, 2007) :

- Un style directif et descendant dont la caractéristique est d'imposer de manière verticale et autoritaire un changement (du haut de la hiérarchie vers la base). Par définition, ce style se préoccupe peu de l'adhésion des destinataires du changement ;
- Un style incrémental se définissant par la mise en œuvre du changement par « petits pas », par phases progressives afin d'en évaluer l'efficience et d'ajuster la programmation initiale. Ce style cherche à mettre en exergue les résultats concrets obtenus dans l'optique de susciter l'intérêt des acteurs ;
- Un style pluraliste qui a pour ambition d'impliquer les acteurs concernés par un changement. L'objectif est ici de prendre en considération la diversité des perceptions et des positions face à un changement dans le but de développer une vision partagée et de remporter une large adhésion ;
- Un style expérientiel (Autissier *et al.*, 2015). Ce style ne repose pas tant sur la conduite d'un changement en tant que tel mais sur le développement de la capacité de changement des individus par l'intermédiaire de formations et d'apprentissage en situation.

Enjeu pour le secteur public

Adapter son approche du changement au regard des caractéristiques du projet à conduire.

Forces et limites de l'approche

Les critiques portées à l'approche planifiée soulignent son caractère rigide ainsi que son faible impact en termes de changement en profondeur (By, 2005). L'approche planifiée a en effet tendance à penser une structure organisationnelle à conditions constantes, c'est-à-dire sans grande considération pour les rapports de forces ou les dimensions culturelles et symboliques. Il en ressort une difficulté de l'approche planifiée à faire face à des situations imprévues ou, plus largement, à comprendre la nature des résistances. En effet, initiée par le sommet hiérarchique, cette approche est souvent synonyme de changement imposé et subi.

À l'inverse, les projets de changement fondés sur une approche émergente peuvent répondre à ces besoins de changement en profondeur, de dépassement des réticences, d'adaptation, etc. Par contre, ils prennent du temps et engendrent un certain chaos dans la mesure où il y a remise en question des pratiques en place et mise en exergue des incompréhensions mutuelles sinon même des conflits latents.

Implications managériales

Derrière cette vision dichotomique se cache la nécessité d'adapter son approche selon le type de changement à conduire ou selon les phases d'un projet. Or, tant dans le secteur privé que dans le secteur public, il est observé une tendance à privilégier les modèles planifiés de conduite du changement. Dans le cadre spécifique du secteur public, ce constat pose question dans la mesure où les organisations publiques se caractérisent par la complexité de leur environnement : influence du politique, multiplicité des décideurs, diversité des parties prenantes et incompatibilités potentielles entre objectifs, cloisonnement organisationnel, etc.

Pour ces raisons, de nombreux auteurs préconisent l'adoption d'une démarche émergente (Sminia et Van Nistelrooij, 2006). De manière contrastée, d'autres auteurs (Burnes, 2009) ne disqualifient pas d'emblée l'approche planifiée en raison du caractère structurellement rigide de certaines organisations publiques.

Ces modèles sont donc à utiliser au regard de leurs plus-values respectives. De manière générale, il semble qu'une approche planifiée soit pertinente lorsque le changement porte sur un domaine n'offrant pas d'ambiguïté particulière ou, plus largement, lorsque le projet ne soulève pas de résistance. Le rôle du gestionnaire du changement sera alors de maintenir le bon déroulement des étapes successives du changement planifié. Au notera au passage que dans la perspective d'une situation de crise ou d'urgence, un style directif et descendant s'avérera plus approprié.

Le modèle émergent est par contre à privilégier lorsque la nature et le périmètre du changement sont encore indéfinis ou lorsque l'on s'attend à rencontrer de fortes résistances. En d'autres termes, cette approche est essentielle afin de préparer les acteurs au changement (« change readiness »). Le rôle du gestionnaire du changement est alors de définir un cadre explicatif au changement, une vision – à savoir l'importance du changement, les enjeux poursuivis mais aussi les risques de ne pas l'initier – et de la communiquer. La mise en place d'une telle approche exige toutefois des ressources en temps et, par ailleurs, ne s'improvise pas. Ainsi, on notera que l'adoption d'une démarche participative requiert l'utilisation de méthodes structurées permettant l'implication des individus, la récolte des propositions issues du dialogue et leur prise en considération par la direction. Une démarche participative ne peut donc se limiter à l'organisation de simples groupes de parole ou à constituer un paravent au manque de prise d'initiative provenant de la direction.

Bibliographie sélective

AUTISSIER, G., JOHNSON, K., MOUTOT, J.M. (2015). « De la conduite du changement instrumental au changement agile ». *Question(s) de management*, 10, 37-44.

BURNES, B. (2011). « Introduction : Why Does Change Fail, and What Can We Do About It ? ». *Journal of Change Management*, 11, 4, 445-450.

BURNES, B. (2009). « Organizational Change in the Public sector : The Case for Planned Change ». In BY, R.T. and McLeod, C. (Eds.), *Managing Organizational Change in Public Services : International issues, Challenges and Cases*. London, Routledge.

BY, R.T. (2005). « Organisational Change Management : A Critical Review ». *Journal of Change Management*, 5, 4, 369-380.

RUSAW, A.C. (2007). « Changing Public Organizations : Four Approaches ». *International Journal of Public Administration*, 30, 347-361.

SMINIA, H., VAN NISTELROOIJ, A. (2006). « Strategic Management and Organization Development : Planned Change in a Public Sector Organization ». *Journal of Change Management*, 6, 1, 99-113.

3.4.2 Les cycles du changement : évolutions ou révolutions ?

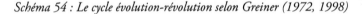

Schéma 54 : Le cycle évolution-révolution selon Greiner (1972, 1998)

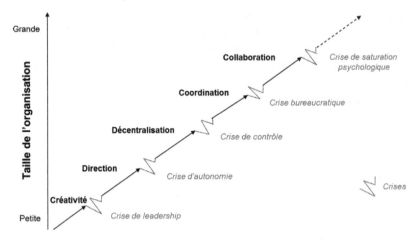

Comprendre le schéma

Le changement est-il le résultat de modifications progressives, et souvent peu visibles, ou surgit-il de transformations radicales entre deux périodes de stabilité ? Doit-on parler d'évolution ou de révolution ? Le modèle proposé par Greiner (1972, 1998) identifie les différentes étapes du cycle de vie d'une organisation alternant des phases de stabilité et de crise. Autrement dit, en adoptant une approche longitudinale, le modèle montre que le changement est fait, à la fois, de changements incrémentaux – c'est-à-dire graduels, continus, issus de la succession de transformations plutôt mineures – et de changements radicaux – c'est-à-dire survenant de manière brutale suite à des turbulences internes ou externes majeures.

Selon le schéma présenté, les étapes du cycle de vie d'une organisation dépendent de sa taille et de son âge. Chacune de ces étapes étant le résultat de la précédente et le facteur de développement de la suivante. Ce modèle s'applique de premier abord aux structures privées. La multiplication d'organisations publiques structurées sur le mode de l'agence ouvre toutefois de nouvelles perspectives d'utilisation à ce modèle. Les phases identifiées par Greiner sont les suivantes :

- La phase de « créativité » : dans les premières années de l'organisation, l'objectif est de se concentrer sur le service délivré et d'asseoir l'organisation dans son environnement sociopolitique. Selon le modèle, l'intérêt pour les enjeux de gestion est faible. Or, assez rapidement, se pose la question d'une meilleure structuration des activités afin de maintenir, de renforcer et d'améliorer la qualité des processus mis en place. La phase de créativité se ponctue par une crise dite du « leadership ». Ce cas de figure peut être rencontré suite à la création d'une organisation – par exemple d'une agence dans un nouveau domaine de l'action publique –, dont les premières années d'existence ont été consacrées au développement de pratiques innovantes ;

- La phase de « direction » : l'étape suivante consiste donc à trouver des solutions systématiques en termes de structure organisationnelle, de spécialisation des fonctions, de description de poste, d'instruments de gestion ou encore de formalisation de la communication. En d'autres mots, il est mis en place une structure formelle hiérarchisée et centralisée. Toutefois, cette étape initialement nécessaire entraîne inévitablement, après plusieurs années, un manque de souplesse d'adaptation par rapport aux demandes de l'environnement, mais aussi, cas échéant, une démotivation des collaborateurs : il y a crise de « l'autonomie » ;

- La phase de « délégation » : face à ces constats, la réponse se situe dans la décentralisation des activités et la responsabilisation des divisions, des départements sinon des services. Toutefois, rapidement, l'autonomisation entraîne un phénomène de cloisonnement entre les entités et rend impossible les vues d'ensemble à niveau plus élevé. L'organisation risque alors de tomber dans une crise du « contrôle » ;

- La phase de « coordination » : dès lors, il peut s'opérer soit un retour de balancier vers plus de centralisation soit l'implémentation de dispositifs formels de coopération tels que la planification ou l'établissement de procédures. De manière générale, il y a renforcement des services d'état-major dont la fonction essentielle se situe dans l'uniformisation des pratiques et des comportements : apparaît alors une crise « bureaucratique », caractérisée par une défiance réciproque entre la direction et les acteurs de terrain ;

- La phase de « collaboration » : enfin, cette phase met l'accent sur un renforcement de la transversalité entre les départements, la mise sur pied des équipes spécifiques aux besoins des projets ou le développement des capacités à résoudre les problèmes au niveau de ces équipes. Le type de crise en devenir reste incertain. Selon l'auteur, il s'agirait de crise relative à la saturation psychologique inhérente aux activités et à la pression ressentie au sein de structures projets.

Enjeu pour le secteur public

Développer les capacités à gérer les changements incrémentaux (évolutions) et radicaux (révolutions).

Forces et limites de l'approche

Les différentes phases de ce modèle sont présentées de manière juxtaposée, chaque phase constituant l'étape successive à une autre. Une limite du modèle tient ainsi dans une lecture déterministe des transformations d'une organisation dont le cycle de vie serait inscrit dans une sorte de code génétique. Une lecture plus pragmatique souligne que les organisations peuvent connaître des régressions ou s'installer dans une crise si elles ne développent pas leurs capacités de poser un diagnostic et de mettre en œuvre les changements appropriés.

L'intérêt du modèle est qu'il met en exergue une vision du changement (qualifié « d'équilibre ponctué ») s'inscrivant dans un cycle alternant des périodes d'évolution et de révolution, au sein duquel les transitions s'opèrent brutalement (Romanelly et Tushman, 1994).

De manière complémentaire, on ajoutera que le changement, qu'il soit de l'ordre de l'évolution ou de la révolution, est désormais considéré comme permanent, comme un processus continu (voir schéma 21) qui exige de s'interroger sur ce qu'il faut préserver et sur ce qu'il faut transformer (Demers, 1999).

Implications managériales

Un autre enjeu est de rendre les organisations capables de mener conjointement des innovations mineures, sous un mode incrémental, et des transformations majeures, sous un mode radical – on parlera d'organisations « ambidextres » (Tushman et O'Reilly, 1996). En période de « stabilité », le rôle du gestionnaire est de trouver les ajustements adéquats dans une optique d'amélioration continue. En période de crise, le rôle du gestionnaire est d'identifier et de mettre en place les solutions organisationnelles nécessaires au passage d'une phase à une autre. Il faudra ici admettre que les solutions trouvées lors de la crise précédente constituent souvent les causes de la crise suivante.

Au-delà des solutions et de leur implémentation, il est aussi essentiel de se préoccuper des « capacités dynamiques » (« dynamics capabilities ») de l'organisation, i.e. l'aptitude à redéfinir et à intégrer les compétences nécessaires afin de s'adapter aux transformations rapides de son environnement (Eisenhardt et Martin, 2000). Mettre en œuvre le changement est dès lors moins une question de pilotage que d'apprentissage ; il s'agit moins d'une question de gestion du changement que de gestion des capacités de changement.

Bibliographie sélective

DEMERS, C. (1999). « De la gestion du changement à la capacité de changer ». *Gestion*, 24, 3, 131-139.

EISENHARDT, E., MARTIN, J.A. (2000). « Dynamic Capabilities : What Are They ? ». *Strategic Management Journal*, 21, 10/11, 1105-1123.

GREINER, L. (1998). « Evolution and Revolution as Organizations Grow ». *Harvard Business Review*, May-June, 1-11.

GREINER, L. (1972). « Evolution and Revolution as Organizations Grow ». *Harvard Business Review*, 50, 4, 37-46.

PIENING, E.P. (2013). « Dynamic Capabilities in Public Organisations ». *Public Management Review*, 15, 2, 209-245.

ROMANELLI, E., TUSHMAN, M.L. (1994). « Organizational Transformation as Punctuated Equilibrium : An Empirical Test ». *Academy of Management Journal*, 37, 5, 1141-1166.

TUSHMAN, M.L., O'REILLY, C.A. III (1996). « The Ambidextrous Organization : Managing Evolutionary and Revolutionary Change ». California Management Review, 38, 4, 8-30.

3.4.3 Les rythmes du changement

Schéma 55 : Les rythmes du changement (adapté de Helfer et al., 2010)

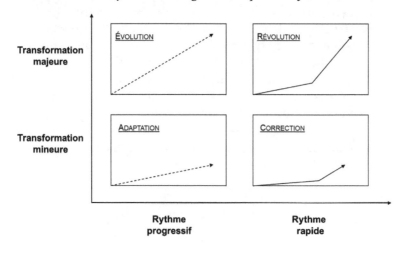

Comprendre le schéma

Les projets de changement portent sur différents objets : ils peuvent être relatifs à la mise en place de nouveaux services au public ou à une redéfinition des missions (c'est-à-dire les outputs de l'organisation), à une réorganisation, à une refonte des processus ou de la nature des tâches (par exemple dans le cadre d'une démarche qualité ou de simplification administrative). Les changements peuvent également se référer à une mise en conformité par rapport à la législation ou à un système de normes. On trouvera encore des projets portant sur l'introduction de nouvelles méthodes de management (gestion de la performance, mise en place d'indicateurs) ou d'outils technologiques. On ajoutera que ces changements, de l'ordre du fonctionnement formel de l'organisation, s'accompagnent nécessairement de dimensions informelles puisqu'ils vont impacter les attitudes, les comportements, les compétences ou encore les canaux de communication et la distribution du pouvoir.

Comme le montre le schéma, ces changements peuvent être catégorisés selon leur niveau d'importance (une transformation majeure ou mineure) et leur temporalité (soit un rythme progressif soit un rythme rapide). Quatre types de changement apparaissent au croisement de ces deux dimensions (Helfer *et al.*, 2010 ; Balogun et Hope Hailey, 1999) :

- « L'évolution » se caractérise par un changement de grande ampleur, mis en œuvre de manière progressive. Ce type de changement concerne donc des projets majeurs – par exemple impactant l'ensemble du périmètre de l'organisation – mais dont l'introduction se déroule avec des périodes de transition ;
- La « révolution » est par contre une réponse rapide et d'envergure, par exemple, à de fortes demandes provenant de l'environnement sociopolitique. Ce type de changement est symptomatique d'une volonté de rupture radicale avec les pratiques du passé ;
- « L'adaptation » se veut un changement mineur, c'est-à-dire qui n'affecte pas le cœur des activités de l'organisation, et dont la mise en œuvre se structure en phases successives ;
- La « correction » correspond à un changement mineur – par exemple suite au constat d'un écart limité par rapport à une situation désirée – mais implémenté radicalement, du jour au lendemain.

Enjeu pour le secteur public

Mettre en cohérence l'ampleur d'un changement et un rythme approprié.

Forces et limites de l'approche

Les types de changement peuvent ainsi se lire au regard de leur ampleur (Kuipers *et al.*, 2014). On distingue ainsi les changements limités à une partie du processus organisationnel, à savoir l'introduction de nouvelles procédures ou de méthodes de travail ; les changements qui ont un impact sur la structure même de l'organisation ; ou encore, les changements relatifs à la réforme d'un service public impliquant plusieurs organisations.

Toutefois, la distinction entre changements majeurs et mineurs repose surtout sur le niveau de profondeur d'un changement ainsi que sur son impact sur les manières de penser et de faire des individus. En effet, si la refonte complète de l'organigramme d'une structure peut être considérée objectivement comme un changement majeur, son impact concret sur les cultures en place peut s'avérer en réalité minime si ces aspects ne sont pas pris en considération.

Les travaux de Watzlawick (Watzlawick *et al.*, 1974) ont ainsi montré l'existence de deux types de changement : d'une part, les changements de type 1, en vertu desquels les transformations portent sur un élément du système mais sans le changer et, d'autre part, les changements de type 2 qui eux portent sur le système lui-même. Les changements de type 2 visent une transformation des cadres culturels et des « règles du jeu » qui régulent les relations entre les acteurs (voir schéma 18). Inversement, dans le cadre d'un changement de type 1, les individus cherchent plutôt à maintenir un *statu quo*, à préserver les équilibres en place. Dans un autre vocabulaire, ce type de changement – qui est plutôt un « non-changement » – peut se caractériser par différentes formes de résistance (voir schéma 58).

Implications managériales

Le choix d'un rythme approprié dépend de variables liées au contexte (la pression et le niveau d'urgence perçus), à la culture en place (le style de leadership légitime, directif ou participatif, le mode relationnel valorisé au sein de l'organisation, etc.) ou, plus pragmatiquement, par rapport au temps disponible.

De manière plus générale, l'implémentation de transformations à rythme rapide (révolution et correction) se trouve facilitée par l'existence d'un niveau élevé de préparation au changement (« change readiness ») de la part des acteurs, permettant d'initier une modification effective et donc rapide des pratiques. Les transformations progressives (évolution et adaptation) se caractérisent plutôt, quant à elles, par une conduite incrémentale du changement, par exemple par la mise en place d'une phase pilote à une échelle limitée de l'organisation.

L'aboutissement de transformations majeures (évolution et révolution) requiert plus particulièrement une large adhésion dans l'optique d'un changement en profondeur. Une approche émergente semble en ce sens appropriée. Toutefois, certains auteurs prônent, dans le cas de transformations majeures, la mise en application d'un processus à rythme rapide, d'une rupture nette, afin de surmonter les forces d'inertie et les résistances. Cet argument trouve par ailleurs une pertinence particulière au regard des alternances politiques inhérentes au secteur public.

Il en ressort d'autre part la nécessité de mettre en application les outils de gestion en adéquation avec les rythmes privilégiés, sur la base de leur rapidité de mise en application et du niveau de contrôle que l'on peut obtenir sur leurs effets (Hugues, 2007).

Schéma 56 : Rapidité de mise en application et contrôle des effets des outils de gestion

	High control	Low control
High speed	BPR	Communication
Low speed	Planification Qualité Totale	Accompagnement Formation

Bibliographie sélective

BALOGUN, J., HOPE HAILEY, V. (1999). *Exploring Strategic Change*. Harlow, Prentice Hall.

HELFER, J.P., KALIKA, M., ORSONI, J. (2010). *Management, stratégie et organisation*. Paris, Vuibert.

HUGHES, M. (2007). « The Tools and Techniques of Change Management ». *Journal of Change Management*, 7, 1, 37-49.

KUIPERS, B.S., HIGGS, M., KICKERT, W., TUMMERS, L., GRANDIA, J., VAN DER VOET, J. (2014). « The Management of Change in Public Organizations : A Literature Review ». *Public Administration Review*, 73, 6, 859-868.

WATZLAWICK, P., WEAKLAND, J.H., FISCH, R. (1974). *Change : Principles of Problem Formation and Problem Resolution*. New York, Norton.

3.4.4 Les phases du changement selon Lewin

Schéma 57 : Les trois phases du changement selon Lewin (1947, 1975)

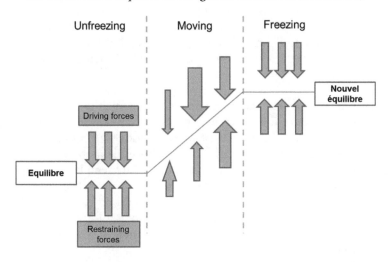

Comprendre le schéma

Selon Lewin (1947, 1975), le changement constitue un processus d'abandon d'une situation d'équilibre vers sa transformation en une autre situation d'équilibre. Plus précisément, ce cheminement se compose de trois phases successives :

- Premièrement, une phase de dégel (« Unfreezing ») durant laquelle une situation d'équilibre connaît un déséquilibre suite à l'arrivée de nouvelles forces et, dans le même temps, un affaiblissement de la résistance au changement. Autrement dit, cette phase, qualifiée également de décristallisation, correspond à la remise en question des conduites et des perceptions existantes. Dans ce schéma, cette étape préalable d'ouverture du système est indispensable à l'apprentissage de nouvelles pratiques.

- Ensuite, deuxièmement, le processus de changement passe par une phase de transition, de déplacement (« Moving ») durant laquelle il y a expérimentation de nouvelles manières de faire et de penser. Lors de cette phase, il est crucial que les acteurs considèrent une nouvelle pratique, un nouveau comportement comme légitime : il y a nécessairement une transformation des représentations individuelles et collectives.

- La troisième phase, le regel ou recristallisation (« Freezing »), consiste à stabiliser les nouvelles pratiques, à institutionnaliser une nouvelle organisation. En d'autres termes, le changement est intégré aux activités quotidiennes. L'enjeu est ici de définir les conditions de la permanence du nouvel équilibre afin d'éviter le retour des pratiques anciennes.

Le processus de changement selon Lewin constitue donc une sorte de soudaine agitation entre deux situations stables. Plus précisément, ce qui explique le changement est une évolution de l'équilibre au sein d'un champ de forces, entre des forces qualifiées de motrices (« Driving forces ») – celles qui favorisent le changement, par exemple une évolution de la législation, une intention politique, la pression des demandes sociales, un besoin technologique, etc. – et des forces inhibitrices (« Restraining forces ») – à savoir les forces qui tendent à maintenir l'équilibre en place, par exemple un fonctionnement en silo, un manque de compétences, des résistances diverses, etc.

Enjeu pour le secteur public

Comprendre la dynamique des forces motrices et inhibitrices dans un processus de changement.

Forces et limites de l'approche

Le modèle de Lewin a inspiré de nombreuses approches en gestion du changement et reste un classique des outils à disposition, en particulier grâce à sa simplicité d'utilisation. Toutefois, l'approche de Lewin reflète une vision assez mécanique et linéaire du changement. Ce dernier, au sens strict, est en effet considéré comme un moment, un passage obligé entre deux périodes de stabilité.

Or les projets de changement sont aujourd'hui initiés de manière quasi permanente et simultanée. Il en ressort que le regel semble une phase difficile à atteindre sinon quelque peu anachronique. Par ailleurs, les individus apparaissent dans ce modèle comme des variables parmi d'autres du champ de forces, peu de place est ainsi laissée au vécu des acteurs, aux formes diversifiées de résistances (voir schéma 58).

La force du modèle de Lewin tient dans sa mise en exergue de la phase de dégel. Un changement passe inévitablement par une prise de conscience partagée du besoin de changer. Dans ce cadre, Lewin identifie l'importance du groupe lors de cette phase. Suite à ses travaux sur les changements de comportements d'achat en matière alimentaire, Lewin a montré l'efficacité supérieure de la discussion au sein de petits groupes de pairs par rapport aux campagnes de communication de grande envergure. Ainsi, un individu acceptera d'autant plus facilement le changement que son groupe d'appartenance s'accorde sur la légitimité d'une nouvelle perspective. Autrement dit, le changement passe par l'implication des individus dans des groupes de dialogue.

Implications managériales

La mise en œuvre du dégel d'une situation implique de comprendre le champ de forces et l'équilibre en place entre les forces de stabilisation et les forces de changement. Cette analyse se matérialise par un schéma du champ de force énumérant en deux colonnes les deux types de forces. Le schéma peut porter sur un problème touchant l'ensemble de l'organisation ou, plus spécifiquement, un projet. L'objectif est de visualiser les variables de soutien et d'opposition afin de déterminer les actions à prendre pour renforcer les forces motrices et réduire les forces restrictives.

Bibliographie sélective

LEWIN, K. (1947). « Group Decision and Social Change ». In NEWCOMB, T.M., HARTLEY, E.L. *Readings in Social Psychology*. New York, Holt, 340-344.

LEWIN, K. (1975). *Psychologie dynamique : les relations humaines*. Paris, PUF.

3.4.5 Les formes de résistance

Schéma 58 : Les formes de résistances

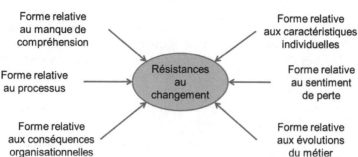

Comprendre le schéma

On parle communément de résistance au changement afin de pointer les causes, sinon la cause, de l'échec d'un projet de changement. Pourtant, la résistance au changement est un condensé des multiples raisons pour lesquelles un projet n'a pas abouti (Soparnot, 2013). Derrière cette notion « fourre-tout », on distingue les résistances individuelles et les résistances collectives ; on distingue également les résistances actives (les critiques ouvertes, les conflits sociaux, les erreurs volontaires, le sabotage, etc.) des résistances passives (la lenteur d'exécution, les obstructions, le refus de communication, l'absentéisme, l'apathie, etc.). Plus fondamentalement, la résistance peut prendre différentes formes et donc appeler différentes réponses :

- La forme de résistance relative aux caractéristiques individuelles : selon les traits de personnalité, les dispositions psychologiques ou encore l'âge des destinataires du changement, les réticences trouvent leur origine dans une faible tolérance au changement, une aversion au risque, la peur de l'inconnu, une anxiété par rapport à une expérience antérieure, etc. Le changement est alors perçu comme un facteur de stress : les stratégies de communication, d'implication et de participation des acteurs constituent dans ce cadre des recettes de base ;

- La forme de résistance relative au sentiment de perte : tout changement entraîne inévitablement un sentiment de perte des repères, des habitudes, de sa zone de confort mais aussi, cas échéant, une perte des avantages acquis ou des relations de pouvoir établies ;

- La forme de résistance relative aux évolutions du métier : un changement peut avoir pour conséquence une remise en question des compétences nécessaires à l'exécution de ses tâches. Concrètement, il s'agit de rassurer les individus concernant leurs capacités à faire face aux nouveautés, par exemple par l'intermédiaire d'un plan de formation ou par la mise en place d'étapes de transition vers un nouveau métier. On remarquera que derrière ce type de blocage se jouent également des enjeux identitaires : l'évolution d'un métier implique potentiellement une transformation des représentations, des modes relationnels ou de la nature du lien avec son organisation ;

- La forme de résistance relative au manque de compréhension : cette forme de résistance trouve son origine dans une incompréhension des raisons ou de l'importance du changement. Cette situation peut s'expliquer par un déficit de communication mais aussi par un manque de préoccupation des acteurs eux-mêmes, ceux-ci ne se sentant pas concernés par les transformations en cours. Dans les deux cas, une sensibilisation et une communication donnant le cadre du « pourquoi changer » sont dès lors cruciales ;

• La forme de résistance relative au processus : l'immobilisme est ici lié aux incertitudes sur la manière de conduire le changement, son ampleur, sa portée, sa simultanéité avec d'autres projets ou encore sur les responsabilités établies et les ressources disponibles. Il est dès lors adéquat de communiquer régulièrement et de manière transparente sur le plan initial et ses modifications au fil du projet ;

• La forme de résistance relative aux conséquences organisationnelles : parmi les raisons de cette forme de résistance, on retrouve les craintes d'une mise en péril des marges de manœuvre, des zones d'incertitude, du système de relations et d'interdépendances entre acteurs (voir schéma 18). Dans ce cadre, le changement sera refusé ou accepté selon qu'il est considéré comme profitable ou non par les acteurs. Cette forme de résistance, puissante, peut se traduire par un syndrome du « Not Invented Here », reflétant l'idée que « ce qui ne correspond pas à notre manière de faire n'a pas de pertinence en nos murs ».

On ajoutera que l'inertie des acteurs à adopter un changement peut également s'expliquer par la croyance, fondée ou non, que ce changement restera au niveau du discours et n'aura, par conséquent, aucun impact substantiel. Cette perspective n'est pas sans rappeler le concept d'« Hypocrisie organisationnelle » (Brunsson, 1986), montrant que les réformes sont des routines consistant à se présenter en conformité avec les attentes de son environnement, mais seulement en vertu d'une recherche de légitimité externe et non pas dans le but d'un changement interne effectif.

Enjeu pour le secteur public

Comprendre la diversité des formes de résistances.

Forces et limites de l'approche

L'innovation, le progrès, l'adaptation ou encore l'agilité sont autant de notions relatives au changement dont la coloration est positive. À l'inverse, la résistance au changement est non seulement une notion à connotation négative mais un phénomène dont l'observation se pose principalement à la base de l'organisation. En effet, la sémantique de résistance a tendance à rejeter la responsabilité des échecs d'un changement sur les opérateurs de base. C'est oublier que la résistance peut aussi provenir des différents niveaux de la ligne hiérarchique.

Par ailleurs, la résistance au changement est assimilée de manière péremptoire à l'irrationalité de l'individu. C'est alors oublier qu'un des rôles premiers du gestionnaire du changement est de comprendre en profondeur les « bonnes raisons », les rationalités d'acteurs sur lesquelles se fondent les conservatismes (Dupuy, 2004).

Implications managériales

Les organisations publiques ne sont pas plus résistantes que les organisations privées. Elles montrent même une certaine habitude du changement au regard des alternances politiques. Ce qui semble générique, c'est que les résistances trouvent leurs origines dans plusieurs sources et qu'elles peuvent avoir un impact simultané sur un projet de changement. Lorsque l'on parle de résistance, il s'avère dès lors fondamental de poser une analyse fine des formes de résistance sur la base d'un diagnostic des préoccupations des destinataires du changement.

L'objectif est d'évaluer l'intensité et le niveau de partage de ces préoccupations par le biais d'entretiens individuels, de réunions ou de questionnaires (Bareil, 2008). L'identification des différentes formes de résistances par sous-groupes constitue les prémisses d'une cartographie des groupes cibles (voir schéma 59).

Bibliographie sélective

BAREIL, C. (2008). « Démystifier la résistance au changement : questions, constats et explications sur l'expérience du changement ». *Télescope*, automne, 89-105.

BRUNSSON, N. (1986). « Organizing for Inconsistencies : on Organizational Conflict, Depression and Hypocrisy as Substitutes for Action ». *Scandinavian Journal of Management Studies*, May, 165-185.

DUPUY, F. (2004). *Sociologie du changement*. Paris, Dunod.

SOPARNOT, R. (2013). « Les effets des stratégies de changement organisationnel sur la résistance des individus ». *Recherches en sciences de gestion*, 97, 23-43.

3.4.6 La cartographie des alliés et des opposants

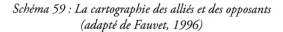

Schéma 59 : La cartographie des alliés et des opposants
(adapté de Fauvet, 1996)

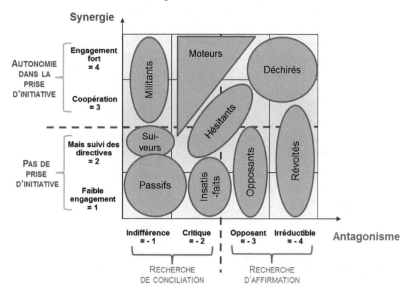

Comprendre le schéma

Si le volontarisme et les compétences en leadership d'un gestionnaire du changement sont des conditions nécessaires, elles ne sont toutefois pas suffisantes. Un projet de transformation ne peut être mené à bien sur la seule énergie d'un individu ou même d'une équipe. L'appui de forces internes est, en effet, indispensable à la réussite d'un changement. Disposer d'une cartographie des alliés et des opposants s'avère dès lors un atout important afin de visualiser les différentes positions des destinataires du changement.

De manière générale, un gestionnaire sera confronté à des acteurs en opposition dont il s'agira de réduire l'influence, des acteurs indécis qu'il s'agira de convaincre et des acteurs engagés sur lesquels il faudra s'appuyer. La cartographie présentée (Fauvet, 1996) identifie une série de catégories d'acteurs selon leur position sur une matrice :

- Les acteurs engagés : selon la typologie de Fauvet, on retrouve les acteurs « militants » qui soutiennent le projet de manière indéfectible et qui ne demandent qu'à mettre en œuvre les changements envisagés ; les « moteurs » qui apportent eux aussi leur soutien mais sur un mode plus critique et réflexif ; enfin, les « suiveurs » qui s'alignent sur le projet sans toutefois y contribuer activement.

- Les acteurs indécis : les acteurs « passifs », « insatisfaits », « hésitants » et « déchirés » ont pour caractéristique commune de se trouver dans une position attentiste. Plus particulièrement, les acteurs « passifs » manifestent une forte indifférence par rapport au changement en cours. Ils sont toutefois des acteurs importants au sens où ils représentent une large proportion des destinataires du changement. Les « hésitants » sont, par contre, impliqués de manière variable selon les éléments de contenu et les phases du projet. Ils sont des acteurs importants dans la mesure où ils peuvent avoir une influence certaine sur les « passifs ».

- Les acteurs réfractaires : les acteurs « opposants » et les « révoltés » recherchent, à des degrés divers, les rapports de force et l'affirmation de leur position à travers le conflit.

Enjeu pour le secteur public

Identifier les forces de soutien et d'opposition à un projet ainsi que définir une stratégie d'intervention ciblée.

Forces et limites de l'approche

Face à un projet de changement, différentes typologies identifient de manière assez explicite les profils d'acteurs. Soparnot (2009) identifie par exemple les « combattants », les « observateurs », les « conformistes » et les « opportunistes ». Dans une autre typologie (Autissier et Moutot, 2007), sont catégorisés les « avocats », les « relais », les « déchirés », les « non-concernés », les « opposants », les « détracteurs » et les « passifs ». Dans cette dernière typologie, les positions sont établies selon le niveau d'implication des acteurs et leur perception (positive ou négative) concernant le changement.

Les cartographies des alliés et des opposants montrent leur utilité afin de mettre évidence le système d'influence en vigueur (en l'occurrence, les militants, les opposants, les hésitants, etc.) et de repérer les circuits de communication informels à privilégier ou à contrecarrer. En effet, un projet de changement ne peut se passer de sponsors, de portiers, de porte-parole, de « traducteurs » (Akrich et Latour, 2006), autant de vocables exprimant la nécessité de s'appuyer sur des agents du changement.

Ainsi, les acteurs « militants » et « moteurs » pourront assurer la promotion du projet par leurs discours mais aussi par leur mise en pratique effective des comportements attendus. Par conséquent, l'enjeu est de pouvoir les impliquer et les intégrer dans le processus. Si les « militants » constituent une force d'entraînement grâce leur adhésion et leur engagement sans faille, on remarquera toutefois qu'ils ne sont pas les profils les plus adéquats dans une approche communicative ou participative. À l'inverse, les « moteurs », grâce à leur sens critique, comprennent les « hésitants » mais aussi les « opposants » : deux catégories pouvant leur reconnaître une légitimé et une crédibilité dont les « militants » ne bénéficient pas. Les « moteurs » sont dès lors des atouts clés dans une démarche d'écoute et de conviction : ils jouent un rôle premier d'agent du changement. Tant pour les « moteurs » que pour les « militants », un risque majeur est de les décevoir et d'en faire des « opposants ».

Parmi les indécis, les « hésitants » sont des acteurs importants dans la mesure où ils ont une influence sur les « passifs ». Par définition, ils peuvent également se transformer en « moteurs » ou en « opposants ». Leur implication positive dans le projet passe par l'écoute de leurs réticences et par la prise en considération de leurs propositions. Au regard de leur nombre souvent élevé, les acteurs « passifs » sont une catégorie essentielle pour le bon déroulement du projet. Leur participation obligatoire ne semble toutefois pas une option adéquate. Il s'agit plutôt de les transformer, pour le moins, en « suiveurs » par l'intermédiaire des acteurs « moteurs » qui seront sensibles à leurs craintes ou leurs incompréhensions.

Les « opposants » ou « révoltés » sont certainement les catégories d'acteurs les plus délicates à gérer. Au regard de leur certitude sur le bien-fondé de leur point de vue et leur recherche d'affrontement, il est certainement inutile de dépenser beaucoup de temps et d'énergie dans une démarche pédagogique et de participation au processus. C'est en remportant le rapport de forces face aux réfractaires qu'ils perdront leur pugnacité : soit par la coercition directe en vertu des règlements, soit indirectement par un travail de conviction sur les catégories indécises qui mettra les réfractaires en minorité et assurera leur isolement.

Implications managériales

Une autre plus-value de la cartographie présentée en schéma tient dans l'opportunité d'un exercice d'évaluation des positions par le croisement entre l'axe qualifié de synergie (définie comme la capacité d'engagement et de prise d'initiative par rapport au changement) et de l'antagonisme (ou le degré d'opposition à un projet). La carte obtenue est une photographie des positions à un moment particulier, elle doit par conséquent évoluer au fil du projet. Au regard de son caractère sensible et stratégique, il est toutefois opportun de maintenir la confidentialité de la cartographie obtenue.

En termes de méthode, sur l'axe de la synergie, l'évaluation porte sur les niveaux suivants :

- +1 : l'acteur (individuel ou collectif) est conscient des attentes en termes de changement mais montre un faible engagement dans la modification de ses comportements ;
- +2 : il n'y a pas de prise d'initiative autonome mais l'acteur accepte de suivre les directives ;
- +3 : l'acteur prend des initiatives mais sa motivation doit être soutenue dans la durée ;
- +4 : l'acteur accepte le changement et adopte de nouvelles pratiques de manière autonome.

Sur l'axe de l'antagonisme, l'évaluation porte sur les niveaux suivants :

- -1 : l'acteur n'a pas de position particulière sur le contenu du changement et reste plutôt indifférent au projet en cours ;
- -2 : l'acteur a une vision concurrente du changement à opérer mais recherche la conciliation des points de vue ;
- -3 : l'acteur développe une vision concurrente qu'il ne cherche pas à rendre compatible avec le projet en place : il y a volonté d'entrer dans un rapport de force ;
- -4 : Le projet concurrent est défendu de manière jusqu'au-boutiste, même au prix d'une rupture totale.

Bibliographie sélective

AKRICH, M., LATOUR, B. (2006). *Sociologie de la traduction : textes fondateurs.* Paris, Presses des Mines.

AUTISSIER, G., MOUTOT, J.M. (2007). *Méthode de conduite du changement.* Paris, Dunod.

FAUVET, J.-C. (1996). *La sociodynamique, concepts et méthodes.* Paris, Éditions d'Organisation.

SOPARNOT, R. (2009). *Management des entreprises, stratégie, structure et organisation.* Paris, Dunod.

3.4.7 Le leadership transformationnel

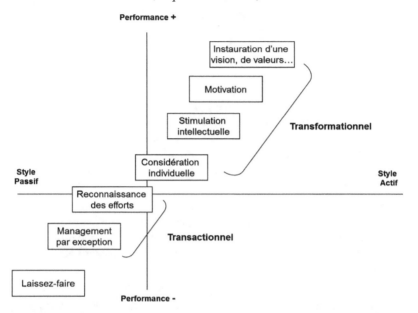

Schéma 60 : Le leadership transformationnel
(adapté de Bass, 1998)

Comprendre le schéma

Le leadership transformationnel est étroitement lié à la gestion du changement dans la mesure où il est associé au développement d'une vision, de son acceptation par les membres d'un groupe et qu'il vise à aligner – transformer – les intérêts personnels sur les objectifs collectifs (Bass, 1998 ; Burns, 1978).

Cette définition du « Transformational Leadership » offre une distinction entre ce dernier et le leadership transactionnel. Le leadership transformationnel s'attache à changer en profondeur les cadres de référence et les comportements des collaborateurs. Par contre, le leader transactionnel se limite quant à lui à établir les objectifs et à assurer l'efficacité de son groupe en se focalisant sur les échanges, les transactions donnant-donnant avec ses collaborateurs. Le leadership transactionnel consiste, en effet, à se préoccuper des besoins individuels de ses collaborateurs et, sur cette base, à utiliser des incitants – sanctions, récompenses – et du feedback – positif ou négatif – au regard des performances atteintes et des efforts fournis. Le leadership transactionnel se décline en une forme caractérisée par une reconnaissance des efforts ou par un management par exception, consistant à intervenir uniquement en cas de besoin ou de problème.

Par contraste, le leader transformationnel motive ses collaborateurs par sa force de conviction, ses capacités de persuasion et en vertu de valeurs supérieures. C'est un changement en profondeur du groupe qui est visé. Le leadership transformationnel peut se décliner en quatre « I » (Bass et Avolio, 1994) à mettre en application :

- Individu (« Individual Consideration ») : le leader encourage selon les potentiels et donne le support nécessaire au développement de ses collaborateurs (coaching, mentoring). Il reconnaît les besoins différenciés des individus mais, dans le même temps, assure une égalité de traitement au sein de son groupe. Cette dimension « individuelle » est toutefois considérée par certains auteurs comme transactionnelle ;
- Intellect (« Intellectual Stimulation ») : le leader stimule la créativité, l'innovation et éclaire sur de nouvelles perspectives à adopter. Il doit dès lors faire preuve d'ouverture, démontrer une attitude interrogative et inspirer la confiance de ses collaborateurs concernant la résolution de problème ;
- Inspiration (« Inspirational Motivation ») : le leader offre un sens à la situation, favorise une vision partagée des objectifs à atteindre et renforce l'esprit d'équipe. L'objectif est celui du dépassement des motivations individuelles et des intérêts particuliers. Le leader doit dès lors montrer de l'enthousiasme et de l'optimisme ;
- Idéal (« Idealized Influence ») : le leader donne l'exemple et constitue un modèle éthique ou moral pour ses collaborateurs. Il doit dès lors faire preuve de charisme.

Enjeu pour le secteur public

Adapter son style de leadership dans le cadre de projets de changement.

Forces et limites de l'approche

En bref, le leader transactionnel établit les objectifs à atteindre tandis que le leader transformationnel leur donne du sens. Selon le modèle de Bass, l'approche la plus efficace est transformationnelle, en particulier dans le cadre de projets de changement. Une approche sur le mode du « Laissez-faire » est par contre, de toute évidence, considérée comme la moins performante.

Malgré un certain flou sur les mécanismes influençant les collaborateurs (Sun et Henderson, 2017) ou un questionnement sur sa pertinence au sein d'un secteur public, fortement soumis à des contraintes externes (Rainey, 2009 ; Wright et Pandey, 2010), le leadership transformationnel est considéré comme un facteur clé de la motivation, de l'innovation mais aussi et surtout du partage d'objectifs communs au sein d'un groupe (Wright *et al.*, 2012 ; Moynihan *et al.*, 2012). Une plus-value essentielle du leader transformationnel est, en effet, de générer un plus haut degré d'engagement des collaborateurs face aux missions collectives à remplir, aux résultats à atteindre ou, plus largement, dans le cadre d'un projet de changement.

Toutefois, des travaux ont montré que le leadership transformationnel se montrait surtout efficace dans le cadre de projets de changement de type émergent (*vs* planifié), initiés au sein de structures peu bureaucratiques (Van der Voet, 2014). On ajoutera que le leadership transformationnel est sans doute d'une plus-value supérieure dans le cadre de petits groupes caractérisés par la présence de fortes individualités ou de dissensions.

Implications managériales

Les formes transformationnelle et transactionnelle du leadership ne doivent toutefois pas se lire comme des modèles en opposition mais comme des approches complémentaires. Les dimensions transactionnelles – basées sur l'établissement d'une relation « leader-follower » – apportent en effet la stabilité et le sentiment d'équité nécessaires à la mise en application d'une approche transformationnelle. Autrement dit, le leadership transactionnel précède le leadership transformationnel.

Il en ressort que la qualité d'un leader tient dans une capacité à combiner, à intégrer ces deux approches. Dans cette perspective, on parle d'un « Integrated leadership », approprié au secteur public, composé de cinq rôles fondamentaux (Fernandez *et al.*, 2010) :

- L'orientation tâche : formuler et communiquer les objectifs, planifier, définir les rôles, coordonner les activités, les mettre sous contrôle dans une optique d'atteinte des résultats escomptés, et enfin donner un feedback ;
- L'orientation relation : être à l'écoute, construire un environnement de travail ouvert, reconnaître les contributions et les efforts de chacun, se préoccuper du bien-être des collaborateurs et les impliquer dans la prise de décision ;

- L'orientation changement : adapter les structures aux évolutions de l'environnement, favoriser les innovations, le développement des compétences et la flexibilité ;
- L'orientation diversité : prendre en compte les points de vue différents en termes d'expériences, de connaissances ou de savoir-faire ;
- L'orientation intégrité : promouvoir la légalité, la justice, l'équité dans ses relations aux collaborateurs mais aussi dans le cadre du service public rendu.

Bibliographie sélective

BASS, B.M. (1998). *Transformational Leadership : Industrial, Military and Educational Impact.* Mahwah, Lawrence Erlbaum.

BASS, B.M., AVOLIO, B.J. (1998). *Improving Organizational Effectiveness through Transformational Leadership.* Thousand Oaks, Sage.

BURNS, J.M. (1978). *Leadership.* New York, Harper.

FERNANDEZ, S., CHO, Y.J., PERRY, J.L. (2010). « Exploring the Link between Integrated Leadership and Public Sector Performance ». *The Leadership Quarterly*, 21, 308-323.

MOYNIHAN, D.P., PANDEY, S.K., WRIGHT, B.E. (2012). « Setting the Table : How Transformational Leadership Fosters Performance Information Use ». *Journal of Public Administration Research and Theory*, 22, 1, 143-164.

RAINEY, H.G. (2009). *Understanding and Managing Public Organizations.* San Francisco, Jossey-Bass.

SUN, R., HENDERSON, A.C. (2017). « Transformational Leadership and Organizational Processes : Influencing Public Performance ». *Public Administration Review*, 77, 4, 554-565.

VAN DE VOET, J. (2014). « The Effectiveness and Specificity of Change Management in a Public Organization : Transformational Leadership and a Bureaucratic Organizational Structure ». *European Management Journal*, 32, 373-382.

WRIGHT, B.E., MOYNIHAN, D.P., PANDEY, S.K. (2012). « Pulling the Levers : Transformational Leadership, Public Service Motivation, and Mission Valence ». *Public Administration Review*, 72, 2, 206-215.

WRIGHT, B.E., PANDEY, S.K. (2010). « Transformational Leadership in the Public Sector : Does Structure Matter ? ». *Journal of Public Administration Research and Theory*, 20, 1, 75-89.

3.4.8 Les composantes du changement

Schéma 61 : Les composantes du changement
(adapté de Pettigrew, 1987 ; Pichault, 2009)

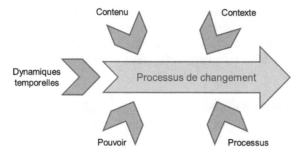

Comprendre le schéma

L'approche de Pettigrew (Pettigrew, 1987 ; Pettigrew *et al.*, 2001) propose un cadre fondé sur trois composantes interreliées du changement : le contenu du changement, le contexte et le processus de mise en œuvre. Le modèle est complété par Pichault (2009) qui introduit les dynamiques temporelles et les rapports de forces. Ces cinq dimensions et leurs interactions constituent les variables de compréhension de tout projet de changement :

- Le contenu : concerne le « quoi », les domaines ou le périmètre organisationnel qui vont faire l'objet d'une transformation (la structure, une technologie, la culture, etc.). Le contenu du changement peut être prescrit par la direction (par le haut) ou émergent (par le bas) mais ne peut se comprendre que dans un espace de contraintes et d'opportunités défini par le contexte ;

- Le contexte : désigne les facteurs internes (la taille de l'organisation, son niveau de maturité, etc.) et externes (la réglementation, les demandes sociales, etc.) qui influencent le contenu. Il s'agit du « pourquoi » changer ;

- Le processus : s'intéresse au « comment », à la séquence des actions et des interactions entre acteurs qui façonnent la manière dont le changement est mis en œuvre. L'histoire de l'organisation ainsi que les jeux d'acteurs autour du projet sont d'une importance critique sur la manière dont le changement sera conduit et accepté ;

- Les dynamiques temporelles : ainsi, le poids du passé, l'influence des variables temporelles et culturelles auront un impact déterminant sur les pratiques et les représentations face au changement (voir schéma 16) ;
- Les rapports de force : un projet de changement constitue une arène au sein de laquelle les acteurs tentent de préserver ou de renforcer leur marge d'autonomie. Les positions des acteurs face au changement seront, par conséquent, tributaires des bénéfices escomptés (voir schéma 18).

Enjeu pour le secteur public

Mettre en cohérence les dimensions constitutives d'un projet de changement.

Forces et limites de l'approche

Ces cinq composantes offrent une vue synthétique des variables constitutives d'un projet de changement. La force essentielle de ce modèle ne réside toutefois pas tant dans l'inventaire qu'il propose mais dans la prise en considération des interactions entre composantes. Ainsi, de toute évidence, un contexte de crise n'appelle pas un processus de même teneur que dans le cas d'une transformation mineure.

Sur le même mode, le contenu même d'un projet de changement aura une incidence sur le degré d'implication nécessaire des destinataires. Par ailleurs, un projet de changement ne peut se passer d'une compréhension des chemins de dépendance (« Path dependence »), c'est-à-dire des décisions du passé qui impactent une situation actuelle, ou des risques de détournement du projet de la part des acteurs (voir schéma 63).

Implications managériales

Face au risque d'incohérences entre les composantes du changement, le rôle du gestionnaire du changement est d'en poser un diagnostic et d'assurer leur mise en adéquation au sein d'un projet de pilotage adapté. Pour le dire autrement, l'hétérogénéité des contextes dans lesquels se produisent les démarches de changement implique qu'il ne peut être question d'une approche unique – un « One best way » – applicable à n'importe quelle situation.

Les incohérences entre dimensions sont en définitive un risque majeur quant à l'aboutissement des projets de changement entrepris. Sur la base de plusieurs études de cas relatives à des processus de changement dans le domaine de la GRH, les travaux de Pichault (2008) ont identifié différentes formes d'incohérence ainsi que leurs impacts sur le processus de mise en œuvre. L'auteur parle ainsi d'incohérences interne, discursive, contextuelle et processuelle qui entraînent, respectivement, une proto-modernisation, une pseudo-modernisation, une post-modernisation et une turbo-modernisation.

Schéma 62 : Les formes d'incohérence dans les projets de changement (adapté de Pichault, 2008)

Catégories de changement	Type d'incohérence	Caractéristiques
Proto-modernisation	Interne	Cette forme se caractérise par un manque de cohérence dans le contenu même des réformes : des changements s'opèrent dans certains domaines (par ex. la gestion des compétences) mais ne s'accompagnent pas de transformations dans d'autres domaines pourtant nécessaires à l'efficacité du projet (évaluation, promotion…).
Pseudo-modernisation	Discursive	Cette forme se caractérise par un décalage entre les discours modernistes et les pratiques traditionnelles. Paradoxalement, les innovations introduites concourent au renforcement des routines en place (centralisation, bureaucratisation).
Post-modernisation	Contextuelle	Cette forme se caractérise par un manque de cohérence entre le contenu et le contexte. Les innovations ne tiennent pas compte de la culture administrative et conduisent à l'effacement des repères et des modalités relationnelles hérités
Turbo-modernisation	Processuelle	Cette forme se caractérise par un manque de cohérence entre le contenu des réformes (par ex. plus de flexibilité, de décentralisation et de participation) et le processus par lequel elles sont pilotées (vision top-down et peu de participation).

Bibliographie sélective

PETTIGREW, A.M. (1987). « Context and Action in the Transformation of the Firm ». *Journal of Management Studies*, 24, 6, 649-670.

PETTIGREW, A.M., WOODMAN, R.W., CAMERON, S. (2001). « Studying Organizational Change and Development : Challenges for Future Research ». *Academy of Management Journal*, 44, 4, 697-713.

PICHAULT, F. (2009). *Gestion du changement*. Bruxelles, De Boeck.

PICHAULT, F. (2008). « La question de la cohérence dans les projets de réforme des services publics basés sur la gestion des ressources humaines ». *Télescope*, automne, 64-72.

3.4.9 *L'évaluation des risques liés au changement*

*Schéma 63 : Les risques inhérents à un processus de changement
(adapté de Balogun et Hope Hailey, 1999)*

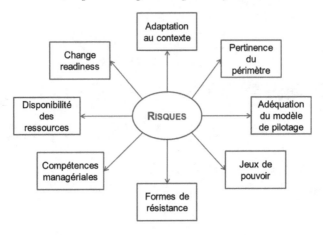

Comprendre le schéma

Un gestionnaire du changement est tenu d'anticiper et de minimiser les risques inhérents à la conduite d'un projet. Derrière les différentes dimensions présentées dans le schéma se cache une série d'écueils potentiels (Thom et Ritz, 2013 ; Rainey, 2009 ; Lawton et Rose, 1991) :

- L'adaptation au contexte et la pertinence du périmètre renvoient à la nécessité d'assurer une cohérence entre ces deux composantes du changement dans le secteur public. Il est dès lors primordial d'organiser une veille des évolutions de l'environnement (voir schéma 25) ainsi que de mettre en concordance les besoins stratégiques (c'est-à-dire les besoins en matière d'action publique) et les activités opérationnelles (c'est-à-dire les pratiques, la nature des services délivrés, etc.) ;
- L'adéquation du modèle de pilotage au contenu du changement constitue un autre point essentiel. Sont abordées ici les questions de rythme, de niveau de participation et de style les plus propices à la réussite du projet. Sur un mode plus technique, le pilotage se base sur une décomposition du projet en séquences successives au sein desquelles diverses tâches sont attribuées et programmées dans le

temps. Un risque tient ici à un manque de détail dans la description des actions planifiées – par exemple, dû à leur maille trop large – qui ne donnera que peu de direction aux différents responsables. Inversement, un maillage trop détaillé risque d'entraîner une faible vue d'ensemble sur le projet de changement ;

• Les jeux de pouvoir : un risque majeur à anticiper est relatif à une lacune de compréhension du système d'action concret (voir schéma 18) et des rationalités d'acteurs face au changement (leur calcul du type coût-bénéfice). Sans compréhension des relations de pouvoir en place, les stratégies d'opposition, de détournement ou de contournement ne seront pas gérées de manière appropriée ;

• Les formes de résistance : au-delà des enjeux de pouvoir, une réduction des risques de résistance passe également par une recherche de clarté des objectifs du changement et une attention aux conséquences opérationnelles (voir schéma 58). La communication est ainsi un exercice permanent durant la mise en œuvre d'un changement, non seulement pour expliquer le pourquoi et le comment d'un projet mais aussi pour en montrer les premiers résultats ;

• Les compétences managériales : un risque important se situe au niveau des phénomènes de biais cognitifs (voir schéma 38) qui auraient pour conséquence de limiter l'anticipation, le diagnostic et la résolution des problèmes. De manière générale, la sur-confiance ou l'impatience sont aussi à éviter dans le cas où l'organisation est considérée comme connue. Le changement n'est par ailleurs pas l'affaire d'une seule personne même si elle est très charismatique : mobiliser des agents de changement est indispensable ;

• La disponibilité des ressources : la simultanéité de plusieurs projets peut conduire à l'épuisement organisationnel. En effet, la mise en œuvre de plusieurs projets implique de pouvoir dégager les ressources nécessaires en termes de pilotage mais également, par exemple, dans l'organisation d'activités participatives. Un autre risque est plus particulièrement lié au manque de temps consacré à l'accompagnement opérationnel et la formation de terrain des destinataires. La fin du projet au regard de la planification ne signifie pas nécessairement l'aboutissement du processus de transformation ;

• Le « change readiness » : une autre question clé est celle du degré de « préparation » des destinataires. Cette phase est essentielle afin d'entamer un dégel et combattre l'inertie des structures (voir schéma 57).

Enjeu pour le secteur public

Identifier et minimiser les risques inhérents à tout projet de changement.

Forces et limites de l'approche

Il semble vain de vouloir prévoir tous les obstacles et de les traiter de manière anticipée. L'enjeu est ici d'identifier les freins au démarrage et les fragilités dans la durée qui pourraient compromettre l'issue du projet (Bartoli, 2015). Ce point révèle à nouveau l'importance de poser un diagnostic qui s'attache aux causes et pas uniquement aux symptômes.

En outre, il en ressort qu'il n'y a pas de modèle unique – un « one size fits all » – en matière de conduite du changement : une situation est toujours spécifique et exige de mettre en application des stratégies d'intervention et de communication adaptées.

Implications managériales

Les différents risques spécifiques à une situation sont à identifier, mesurer et hiérarchiser dans une grille d'évaluation. Classiquement, le risque se mesure sur la base de sa probabilité d'occurrence (P) et de son niveau d'impact ou de gravité sur le projet (G), variables auxquelles on peut ajouter le niveau de complexité de résolution (C). L'évaluation de ces trois variables (par exemple sur la base d'une échelle de 1 à 5 – de 1 pour très faible à 5 pour très élevé) permet de déterminer le niveau de risque grâce à la formule P x G x C.

Le résultat permet de classer le niveau de risque et de définir une modalité de prise d'action, par exemple, selon les catégories suivantes :

- A (risque critique) = les résultats entre 100-125 exigent des mesures compensatoires ;
- B (risque élevé) = les résultats entre 70-99 exigent de réduire le risque ;
- C (risque moyen) = les résultats entre 26-69 exigent un suivi renforcé ;
- D (risque faible) = les résultats entre 1-25 n'exigent pas d'action immédiate.

Schéma 64 : Exemple de grille d'évaluation des risques

	Risques	P	G	C	Classe de risque	Remédiation
1	Mauvaise évaluation des délais de réalisation	3	4	3	36 = C Risque moyen	Suivi renforcé : contrôle du planning, établir des mailles d'action plus détaillées
2	Perte d'un allié moteur	4	4	5	80 = B Risque élevé	Réduction du risque : renforcer l'implication de l'allié par la prise en compte de ses propositions
3	Saturation des destinataires	4	5	5	100 = A Risque critique	Mesures compensatoires : faire l'inventaire des projets simultanés et identifier les priorités
4	Démission du chef de projet	2	3	2	12 = D Risque faible	Pas d'action immédiate : par précaution, nommer un adjoint
5	...					

Bibliographie sélective

BALOGUN, J., HOPE HAILEY, V. (1999). *Exploring Strategic Change*. Harlow, Prentice Hall.

BARTOLI, A. (2015). *Le management dans les organisations publiques*. Paris, Dunod.

LAWTON, A., ROSE, A. (1991). *Organisation and Management in the Public Sector*. London, Pitman.

RAINEY, H.G. (2009). *Understanding and Managing Public Organizations*. San Francisco, Jossey-Bass.

THOM, N., RITZ, A. (2013). *Management public*. Lausanne, Presses polytechniques et universitaires romandes.

3.4.10 Les étapes d'un projet de changement

Schéma 65 : Les étapes d'un projet de changement

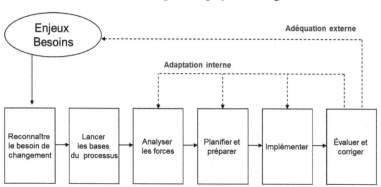

Comprendre le schéma

Les étapes d'un projet de changement peuvent être synthétisées de la manière suivante (Fernandez et Rainey, 2006 ; Kotter 1995, 1996) :

• Faire reconnaître le besoin de changement : cette étape est primordiale dans une optique de dégel (voir schéma 57). Il s'agit de développer un « sens de l'urgence » (Kotter, 1995), d'alerter sur la nécessité de changer, par exemple en raison de l'évolution des demandes sociales, de crises potentielles ou des modifications d'ampleur dans le secteur. L'objectif est ici de sortir les individus de leur zone de confort et de leur démontrer le besoin de changer par l'établissement d'une vision commune des enjeux (savoir vers où on veut aller, définir les objectifs à atteindre) et d'un projet mobilisateur (identifier les progrès et les conséquences escomptés, établir les critères de succès du projet). Un argument clé tient dans l'idée selon laquelle le *statu quo* peut s'avérer plus dangereux que se lancer dans l'inconnu. Cette étape est essentiellement une étape de communication, de sensibilisation mais aussi d'écoute afin de réduire les incertitudes et la circulation de rumeurs ;

• Lancer les bases du processus : il s'agit de concevoir une stratégie de pilotage. Autrement dit, de choisir un style de conduite adapté, de définir un périmètre, un niveau de participation et un rythme adéquat ou encore de planifier un échéancier (voir schémas 53 et 55). Sur cette base, cette étape consiste également à structurer une équipe-projet chargée d'assurer l'implémentation du changement et, pour ce faire, d'obtenir le soutien tant de la direction que des destinataires ;

• Analyser les forces : l'idée est que les individus sont les ressources essentielles d'un changement. Leur adhésion étant primordiale, il convient de construire des alliances internes et de dépasser les résistances. Au sein du secteur public, cette nécessité de coalition avec des acteurs moteurs s'étend à l'extérieur de l'organisation par la mobilisation du monde politique et des parties prenantes. L'exercice de cartographie des alliés et des opposants (voir schéma 59) ainsi que l'enrôlement de porte-parole, de traducteurs et autres agents du changement sont au cœur de cette étape ;

• Planifier et préparer : cette étape consiste à définir les différentes tâches du projet ainsi que leurs liens de dépendance de manière chronologique. Afin de disposer de ressources nécessaires dans le temps, d'autres outils de planification permettent d'opérer un suivi de la consommation des ressources. Toutefois, une dérive serait de privilégier un pilotage essentiellement technique au détriment des capacités de souplesse et d'adaptation : il s'agit donc de planifier et de préparer mais sans programmer de manière rigide ;

- Implémenter : cette étape vise à concrétiser les actions planifiées en vue d'une transformation des pratiques et des esprits (voir schéma 60). Dans un autre vocabulaire, il s'agit d'institutionnaliser le changement, c'est-à-dire de le matérialiser dans de nouveaux comportements et de les ancrer culturellement. Cette étape est sans conteste la plus complexe et ne peut s'obtenir que par un lent cheminement – établir un sens de l'urgence, démontrer les résultats obtenus à court terme, accélérer le changement sur la base des premiers acquis – conduisant à l'internalisation de nouveaux apprentissages (voir schéma 49) ;

- Évaluer et corriger : dans une optique d'amélioration continue du processus (voir schéma 21), les résultats obtenus, même partiels, sont à évaluer afin d'opérer les corrections nécessaires concernant le contenu du changement ou la manière de l'implémenter. Sans cette attention régulière à l'évaluation des résultats, le risque est de mener un projet « à moitié » ainsi que de provoquer une déception ou de jeter le discrédit sur des projets ultérieurs.

Enjeu pour le secteur public

Conduire un projet de changement en donnant les impulsions nécessaires lors des différentes étapes.

Forces et limites de l'approche

Les différentes étapes proposées ne sont pas à lire sur un mode strictement séquentiel. Au contraire, face à un problème inattendu, il sera sans doute utile de revenir à une étape antérieure pour mieux le comprendre et le traiter. Pour le dire autrement, un projet de changement est un processus itératif mené dans une perspective d'adaptation en continu.

Implications managériales

Un des principes de l'administration publique met en exergue l'adaptation aux évolutions sociopolitiques. Cet aspect est également central dans tout projet de changement dans le secteur public dans la mesure où les transformations escomptées n'ont de sens que si elles contribuent à répondre aux besoins sociétaux. La recherche d'adéquation externe est ainsi une dimension fondamentale du changement au sein d'une organisation publique (voir schéma 1).

Bibliographie sélective

FERNANDEZ, S., RAINEY, H.G. (2006). « Managing Successful Organizational Change in the Public Sector ». *Public Administration Review*, March-April, 168-176.

KOTTER, J. (1996). *Leading Change*. Boston, Harvard Business School Press.

KOTTER, J. (1995). « Leading Change : Why Transformation Efforts Fail ». *Harvard Business Review*, 73, 2, 59-67.

CHAPITRE 4

D'une sociologie des outils de gestion aux instruments du management public

4.1 La modernisation de l'État par les outils de gestion

Les outils du management public font désormais partie intégrante du paysage gestionnaire des organisations publiques. La diversité des instruments présentés dans cet ouvrage conforte d'ailleurs l'idée d'une diffusion de plus en plus étendue des instrumentations – sinon même de leur banalisation – au sein des organisations publiques. En ce sens, l'inflation des technologies gestionnaires constitue *nolens volens* un vecteur de rénovation des pratiques administratives : les outils de classement (« ranking ») et de mise en comparaison (« benchmarking »), les bases de données et les tableaux de bord, les matrices d'analyse mais aussi des méthodes de calcul, des courbes ou encore des logiciels informatiques sont autant de manifestations d'une modernisation par les outils de gestion. L'utilisation croissante de ces instruments, parmi lesquels on observe un déploiement particulier des outils de mesure, est d'ailleurs assimilée par certains à une dépendance[1].

Cette prolifération des outils est aussi un révélateur, un traceur des mutations profondes de la gestion publique dont on peut observer les effets aux niveaux fonctionnel, structurel et processuel[2]. Au niveau fonctionnel tout d'abord, dans la mesure où l'on assiste à une modernisation des pratiques par l'apparition d'outils – tels que la stratégie, la planification opérationnelle ou encore la gestion de la performance – couvrant des domaines fonctionnels auparavant peu considérés dans le secteur public[3]. Les instruments les plus significatifs

---

[1] HOOD, C. (2012). « Public Management by Numbers as a Performance-Enhancing Drug : Two Hypotheses ». *Public Administration Review*, 72, SI, S85-S92.

[2] CHIAPELLO, E., GILBERT, P. (2014). *Sociologie des outils de gestion*. Paris, La Découverte.

[3] FERLIE, E., ONGARO, E. (2015). *Strategic Management in Public Sector Organizations : Concepts, Schools, and Contemporary Issues*. New York, Routledge.

d'un ethos gestionnaire[4] contemporain sont aujourd'hui ceux qui permettent de comparer, de rendre les organisations évaluables ou de les mettre sous contrôle[5]. Dans cette perspective, la finalité des outils nous renseigne sur ce qui est considéré comme important à une époque donnée ou à l'échelle d'une organisation. L'intérêt pour les outils de gestion montre dès lors un intérêt de méthode : explorer les dynamiques d'un outil de gestion publique, tel par exemple un indicateur de performance, offre cette opportunité de saisir les formes contemporaines de l'action publique[6]. Ainsi, pour paraphraser Goethe, « Non seulement les chiffres gouvernent le monde, mais encore ils montrent comment le monde est gouverné »[7].

Cette modernisation s'exprime également de manière structurelle. S'ils ont parfois tendance à passer inaperçus, les outils de gestion impliquent la mise en œuvre de routines organisationnelles et d'automatismes de comportement. Pour garder cet exemple, un indicateur de performance ciblant une tâche spécifique pourra avoir pour effet de détourner un agent d'autres missions de service public jugées moins « payantes ». Les instruments sont dans ce cadre des « technologies invisibles »[8] dont les effets se concrétisent par une emprise sur les choix et les comportements. Le caractère structurant des outils se manifeste également par leur impact sur la construction des cadres d'interprétation, sur les manières de concevoir des dimensions telles que la performance, la compétence, la qualité ou le changement. Pour illustration, la mise en œuvre d'un BPR (voir schéma 24) importe nécessairement l'idée qu'une organisation peut faire l'objet d'un découpage en unités parcellisées sans faire grand cas des systèmes relationnels ou des schémas culturels en place. Ainsi, la structure d'une technologie de gestion véhicule et diffuse un modèle latent, une idée préconçue de ce que doit être une bonne approche gestionnaire.

Toutefois, un outil de gestion comporte également une dimension processuelle. C'est dans l'action, c'est-à-dire en vertu de ses usages concrets et au fil d'une trajectoire d'appropriation[9] qu'un outil trouvera sa forme

---

4   OGIEN, A. (1995). *L'esprit gestionnaire*. Paris, Éditions de l'EHESS.

5   POWER, M. (1997). *The Audit Society*. Oxford, Oxford University Press.

6   HALPERN, C., LASCOUMES, P., LE GALES, P. (2014). *L'instrumentation de l'action publique*. Paris, Presses de Sciences Po.

7   GOETHE, J.W. (1842). *Maximes et réflexions*. Leipzig, Brockhaus et Avenarius.

8   BERRY, M. (1983). *Une technologie invisible ? L'impact des instruments de gestion sur l'évolution des systèmes humains*. Paris, École polytechnique, Centre de Recherche en Gestion.

9   GRIMAND, A. (Dir.) (2006). *L'appropriation des outils de gestion*. Saint-Étienne, Publications de l'Université de Saint-Étienne.

et sa finalité. Un outil de gestion n'est en effet jamais « achevé »[10] : il n'acquiert son sens qu'à travers la lecture et les manipulations qu'exercent les acteurs à son égard. En retour, l'introduction d'un outil – même fortement standardisé – au sein d'un système organisationnel spécifique, impliquera des impacts tout aussi spécifiques en termes de transformation des identités et des pratiques[11]. Un instrument agit certes par contrainte sur les acteurs mais ces derniers transforment également ces outils dans l'exercice de leurs activités[12]. Il en ressort que les intentions initiales ou les consignes préconisées par les concepteurs d'un instrument sont détournées par les acteurs : on assiste alors *de facto* à des situations d'hybridation entre l'existant et l'innovant, entre le conçu et le vécu.

Comme déjà identifié dans cet ouvrage, les outils de gestion ne sont donc pas neutres : ils montrent leurs effets tant sur l'information traitée que sur les utilisateurs. Autrement dit, un instrument ne se limite pas à agir sur l'environnement qu'il tente de mettre sous contrôle mais également sur les données ainsi que sur les acteurs eux-mêmes[13]. L'étude d'un instrument suppose dès lors une mise en perspective de son substrat technique, de sa philosophie gestionnaire latente ainsi que du système relationnel qu'il implique[14]. Une lecture à travers les prismes du savoir, du pouvoir et de la légitimité est de nature à approfondir ces dimensions interreliées.

4.2 Le prisme du savoir : problématisation et effets de limitation

Sur le plan du développement du savoir, un outil de gestion est tout d'abord un outil de « problématisation », c'est-à-dire de cadrage d'une réalité ou d'un problème dans un objectif de compréhension et/ou de résolution. Pour illustration, les instruments de diagnostic stratégique, culturel ou organisationnel présentés dans l'ouvrage témoignent de cette fonction de problématisation. Malgré leur diversité d'objectifs, ces outils

---

[10] HATCHUEL, A., WEIL, B. (1992). *L'expert et le système. Gestion des savoirs et métamorphose des acteurs dans l'entreprise industrielle.* Paris, Economica.

[11] BUISSON-FENET, H., MERCIER, D. (Dir.) (2013). *Débordements gestionnaires.* Paris, L'Harmattan.

[12] JARZABKOWKI, P., KAPLAN, S., SEIDL, D., WHITTINGTON, R. (2016). « On the Risk of Studying Practices in Isolation : Linking What, Who, and How in Strategy Research ». *Strategic Organization*, 14, 3, 248-259.

[13] GILBERT, P. (1998). *L'instrumentation de gestion. La technologie de gestion, science humaine ?* Paris, Economica.

[14] HATCHUEL, A., WEIL, B. (1992). *Op. cit.*

ont pour particularité commune de viser une réduction de l'incertitude et de la complexité du réel : faire usage de ces outils s'avère une démarche de rationalisation du monde sans laquelle il serait malaisé pour un manager de comprendre une situation et de poser des choix de gestion.

Ainsi, la mise en application d'outils stratégiques tels que l'élaboration de scénarios (voir schéma 29) ou la cartographie des parties prenantes (voir schéma 31) constitue un parfait exemple de cette recherche de réduction d'incertitudes liées aux évolutions d'un secteur ou relatives à l'intensité des soutiens au sein d'un environnement sociopolitique. La grille d'analyse stratégique (voir schéma 19) démontre, elle aussi, la capacité des outils à offrir une compréhension d'une situation organisationnelle : à partir d'un magma d'acteurs, de comportements, de relations, de coalitions et de conflits à l'échelle d'une organisation, l'usage de la grille rend possible une lecture des moyens par lesquels ces acteurs coopèrent.

Un instrument de gestion permet donc à son utilisateur l'agencement des données nécessaires au traitement de l'information et se veut, cas échéant, un support à la prise de décision. Les outils de gestion incarnent ainsi une objectivité de raisonnement et, dans certains cas, un haut degré de scientificité. Au passage, on remarquera combien il n'est pas toujours aisé de les contester. D'autre part, on notera aussi combien les instrumentations constituent des pièces maîtresses du « paradigme du contrôle »[15] inhérent au projet gestionnaire.

Toutefois, ils sont aussi porteurs de limitations sur le plan gestionnaire. Les effets pervers les plus frappants s'observent en premier lieu au niveau des comportements individuels et collectifs. Comme énoncé plus haut, les outils engendrent des comportements qui échappent aux intentions initiales. Pour illustration, en matière de mesure de la performance, un acteur soumis à une évaluation va modifier son comportement de manière réactive[16]. Les comportements stratégiques face à un indicateur de performance sont d'ailleurs bien connus : un acteur pourra, par exemple, limiter sa capacité de travail à l'aune de la cible établie (effet de plafond) ou même réduire sa productivité s'il est prévu une augmentation future de la charge de travail (effet d'anticipation). Des implications d'importance sont également à identifier à l'échelle plus large de l'action publique : soumis à une évaluation, un acteur pourra être incité à accroître son score personnel ou à favoriser les activités qui

---

[15]   LORINO, P. (1995). *Comptes et récit de la performance*. Paris, Éditions d'Organisation.

[16]   ESPELAND, W.N., SAUDER, M. (2007). « Rankings and Reactivity : How Public Measures Recreate Social Worlds ». *American Journal of Sociology*, 113, 1, 1-40.

lui sembleront les plus rentables à court terme, et cela au détriment de la réussite générale d'une politique.

Plus encore, identifier une performance à atteindre peut entraîner un mécanisme de réification par lequel une cible devient un problème en soi. Un indicateur n'est pourtant que l'indice d'un problème, pas le problème lui-même. À force de concentrer son action autour de la poursuite d'une cible (par exemple, diminuer les retards de train), une organisation risque par conséquent de perdre de vue que cette cible n'est qu'une des facettes d'un problème d'ordre supérieur (par exemple, assurer la mobilité sur un territoire) : on retrouve ici un phénomène bien connu de confusion entre la fin et les moyens.

Dans le même ordre d'idée, les résultats obtenus suite au traitement des données peuvent engendrer une distorsion de la réalité. Pour illustration, des scénarios stratégiques – désirés ou redoutés – issus d'un travail de prospective ne sont que des projections, des potentialités d'évolution. Or une modification généralisée des comportements autour d'un de ces scénarios pourrait engendrer un phénomène de « prophétie auto-réalisatrice ». Ainsi, un scénario redouté au plus haut degré peut provoquer une telle inertie au niveau des prises de décision censées le contrecarrer qu'il quitte le statut de projection et se manifeste. Les outils produisent donc des mécanismes aux conséquences inattendues et paradoxales sur l'action, en l'occurrence en vertu du principe voulant que la croyance crée la situation. Dans la même approche, un diagnostic identifiant un risque élevé de résistance au changement pourrait entraîner un manager à adopter une communication peu transparente qui suscite effectivement la suspicion et, dès lors, une forme de rejet de la part des destinataires du changement.

Ces différents constats soulèvent de toute évidence des questions sur l'efficacité des outils de gestion. Différents travaux ont ainsi identifié le nombre pléthorique d'indicateurs au sein des tableaux de bord ou leur manque de cohérence[17]. En amont, d'autres limitations sont rapportées au niveau de la sélection des outils par les gestionnaires. Il est en effet constaté que le choix d'utiliser un instrument plutôt qu'un autre repose sur des critères de simplicité d'utilisation ou de disponibilité. La diffusion étendue d'outils tels que les matrices SWOT (voir schéma 27) peut ainsi s'expliquer par leur facilité d'usage ou leur place dans les programmes d'enseignement en sciences de gestion[18].

---

[17]   BRUNETIERE, J.-R. (2006). « Les indicateurs de la loi organique relative aux lois de finances (LOLF) : une occasion de débat démocratique ? ». *Revue française d'administration publique*, 1, 117, 95-111.

[18]   HILL, T., WESTBROOK, R. (1997). « SWOT Analysis : It's Time for a Product Recall ». *Long Range Planning*, 30, 1, 46-52.

En aval, divers travaux ont montré la faible valeur ajoutée des instruments stratégiques à explorer la diversité du réel et à initier des réponses innovantes. Il a par exemple été montré que les propositions issues d'une mise en application d'une Balanced Scorecard (voir schéma 34) restent fortement ancrées dans les représentations en place au sein d'un groupe[19]. En corollaire, les outils sont souvent utilisés dans la mesure où ils ne constituent pas de remise en cause des équilibres en place ou encore parce qu'ils sont des appuis aux dynamiques de pouvoir. Pour reprendre l'exemple des scénarios stratégiques, leur développement est aussi une opportunité pour certains acteurs de légitimer leur propre vision et de contenir les influences d'acteurs concurrents[20]. Savoir et pouvoir sont dès lors indissociablement liés[21] : il en ressort la nécessité d'explorer ces dynamiques de pouvoir autour de la sélection et de l'utilisation des outils de gestion.

4.3 Le prisme du pouvoir : normativité cachée et effets de prescription

La fonction de problématisation caractéristique d'un outil de gestion ne se limite donc pas à l'identification des problèmes. L'utilisation d'un outil implique également des présupposés ainsi qu'une gamme de solutions prédéterminées. L'analyse des éléments constitutifs d'un instrument de gestion conduit en effet à montrer combien, de manière latente, ils encapsulent un modèle, une normativité cachée qui s'impose aux utilisateurs. Comme il l'a été souligné, l'approche par les compétences (voir schéma 47) est étroitement liée à une vision individualisante de la gestion des ressources humaines. Pour prendre le cas d'un autre outil tel que le benchmarking, celui-ci contient un impératif endogène de mise en compétition[22]. À nouveau, la réputation de neutralité des instruments ne résiste pas à une interrogation sur les modèles idéologiques sur lesquels ils sont établis.

---

[19] EDENIUS, M., HASSELBLADH, H. (2002). « The Balanced Scorecard as an Intellectual Technology ». *Organization*, 9, 2, 249-273.

[20] HODGKINSON, G.P., WRIGHT, G. (2002). « Confronting Strategic Inertia in a Top Management Team : Learning from Failure ». *Organization Studies*, 23, 6, 949-977.

[21] BEZES, P., CHIAPELLO, E., DESMAREZ, P. (2016). « Introduction : la tension savoirs-pouvoirs à l'épreuve du gouvernement par les indicateurs de performance ». *Sociologie du travail*, 58, 347-369.

[22] BRUNO, I. (2008). « La recherche scientifique au crible du benchmarking. Petite histoire d'une technologie de gouvernement ». *Revue d'histoire moderne et contemporaine*, 5, 55-4, 28-45.

Tant dans sa phase de conception que lors de son implémentation, un outil est toujours inscrit dans un système social au sein duquel il se construit et se négocie. La manipulation d'un outil est donc inévitablement liée aux relations de pouvoir au sein d'un groupe. Derrière leur façade technique, les instruments sont valorisés et défendus par certaines catégories d'acteurs tandis que d'autres s'y opposent ou les négligent. En contraste avec leur objectivité apparente, les instruments sont l'expression des positions et des enjeux de différents protagonistes : imposer son outil permet alors d'enfermer ses interlocuteurs dans un raisonnement, dans un jeu dont ils n'ont pas toujours choisi les règles.

La mise en place d'un outil de gestion est ainsi régulièrement l'objet de conflits entre une logique managériale et des logiques professionnelles existantes[23] : introduire un outil vise en effet à prendre le contrôle du territoire professionnel (à savoir les méthodes, les conceptions du métier, les identités) d'autres groupes. Dans cette veine, divers travaux ont ainsi montré que l'introduction d'un indicateur entraîne un cadrage des performances à atteindre et provoque, par conséquent, une réduction de l'autonomie professionnelle[24]. On observera également que cette confrontation de logiques se situe, pour une série d'auteurs, au cœur même des violences et des souffrances au travail[25].

En d'autres termes, les outils sont indissociables des rapports de forces en présence et, en corollaire, ils concourent à limiter le champ des possibles. L'acteur qui maîtrise un instrument ou une mesure, maîtrise les termes du débat qu'il peut ensuite imposer à d'autres : un outil de gestion entraîne dès lors des effets de prescription. Une prescription dont on perçoit les manifestations par une assignation des rôles respectifs, une conformation aux valeurs ou aux manières de se coordonner. Pour illustration, l'évaluation des compétences sur la base d'un référentiel se fonde sur un cadre externe qui a pour effet de définir les rôles respectifs d'évaluateur et d'évalué tout en évacuant d'autres manières de poser une évaluation des capacités et des performances d'un collaborateur.

De nombreux travaux ont ainsi montré que les outils de gestion participent à établir des formes de domination à l'échelle des organisations

23   BOUSSARD, V. (Dir.) (2005). *Au nom de la norme*. Paris, L'Harmattan.

24   DAVIES, A., KIRKPATRICK, I. (1995). « Performance Indicators, Bureaucratic Control and the Decline of Professional Autonomy ». In MARTINEZ LUCIO, M., KIRKPATRICK, I. (Eds.). *The Politics of Quality in the Public Sector*. London, Routledge, 85-107.

25   CHIAPELLO, E., GILBERT, P. (2012). « Les outils de gestion : producteurs ou régulateurs de la violence psychique au travail ». *Le travail humain*, 75, 1, 1-18.

mais aussi plus largement à l'échelle du système de production capitaliste. Pour les tenants de cette approche critique, les instruments servent la production et la perpétuation des rapports de domination. Parmi ces travaux, divers auteurs d'inspiration foucaldienne ont ainsi décrit les instruments de gestion comme des dispositifs disciplinaires, à savoir des techniques de coercition qui s'exercent sur les conduites par l'intériorisation des normes de comportement[26]. Un exemple peut se trouver dans les dispositifs de contrôle de demandeurs d'emploi qui exigent un « travail sur soi », un engagement contractuel à mettre en œuvre des « stratégies d'insertion »[27]. La mise en place d'un dispositif gestionnaire contribue ainsi à organiser les relations entre une puissance publique et les destinataires d'une politique. Malgré des promesses de transparence et de dépolitisation[28], les outils de gestion entraînent de nouvelles formes de contrôle exercées par une autorité publique.

À l'échelle des réformes administratives des dernières décennies, le succès des innovations managériales et leur prégnance sur les mutations du secteur public s'expliquent d'ailleurs par les opportunités d'évolution des rapports de forces au sein du système politico-administratif. Réformer par l'implémentation d'outils de gestion s'est en effet avéré un puissant moyen de reprise en main des structures administratives par le monde politique mais également par de hauts fonctionnaires[29]. Malgré une rhétorique de la décentralisation et de la responsabilisation, les réformes managériales ont tendance à conduire au renforcement des capacités de contrôle et de prise de décision des administrations centrales. Pour illustration, le déploiement d'outils de reporting au niveau d'entités décentralisées – tels que les tableaux de bord et les indicateurs – les rendent observables, auditables et donc soumises au jugement d'un niveau central ou politique.

De nombreux constats vont ainsi dans le sens d'un « contrôle à distance »[30] des organes centraux envers les entités décentralisées. Les outils

---

[26]   MAUGERI, S. (2001). *Délit de gestion*. Paris, La Dispute.

[27]   TROMBERT, C. (2011). « Des dispositifs d'insertion rationnels-instrumentaux et auto-disciplinaires ? ». *SociologieS,*

[28]   ROSE, N. (1991). « Governing by Numbers : Figuring out Democracy ». *Accounting, Organizations and Society*, 16, 7, 673-692.

[29]   BEZES, P. (2009). *Réinventer l'État. Les réformes de l'administration française (1962-2008)*. Paris, PUF.

[30]   CARTER, N. (1989). « Performance Indicators : "Backseat Driving" or "Hands Off" Control ? ». *Policy and Politics*, 17, 2, 131-138 ; ROSE, N., MILLER, P. (1992). « Political Power beyond the State : Problematics of Government ». *British Journal of Sociology*, 43, 2, 173-205.

de gestion constituent des vecteurs de contrôle de nature plus souple[31] mais néanmoins symptomatique des « bureaucraties libérales »[32]. Plutôt qu'une opportunité d'autonomisation des systèmes locaux, la mise en place d'outils, tels que les dispositifs de reporting, conduit à de nouvelles « cages métriques »[33] et, dès lors, au renforcement bureaucratique.

4.4 Le prisme de la légitimité : construction sociale de la réalité et effets de vérité

La large diffusion des outils de gestion au sein des organisations publiques témoigne également d'un phénomène d'isomorphisme[34] conduisant à une homogénéisation des pratiques et des normes en matière de gestion. Force est en effet de constater que l'adoption d'un instrument se déroule fréquemment sans grande interrogation sur ses forces et faiblesses ou sur son adaptation au contexte. Ce qui est ici visé par une organisation n'est pas tant un objectif d'efficacité mais une recherche de légitimité par la mise en place de pratiques valorisées. Pour illustration, les outils de classement des universités sont certes soumis à des critiques virulentes, mais rares sont ces universités qui ne poursuivent pas des stratégies recherchant à satisfaire aux paramètres de ces classements.

Admis au sein d'une organisation, un outil de gestion importe des schémas interprétatifs, une représentation particulière des enjeux entraînant ce que l'on pourrait qualifier des effets de vérité. Les travaux sur la construction des nomenclatures statistiques[35] ont bien montré combien – à la suite de compromis et de traductions – elles engendrent des impacts sur la réalité. Dans cette perspective, une activité de mesure n'est pas indépendante de la réalité du phénomène à mesurer. Au contraire, la manière de mesurer exerce son influence sur l'établissement de textes de lois, sur la prise de décision politique ou encore sur le cadre de discussion entre l'État et les partenaires sociaux.

---

[31]   COURPASSON, D. (2000). *L'action contrainte. Organisations libérales et domination*. Paris, PUF.

[32]   GIAUQUE, D. (2004). *La bureaucratie libérale*. Paris, L'Harmattan.

[33]   BERNARD, B. (2008). « Emerging Indicators and Bureaucracy : from the Iron Cage to the Metric Cage ». *International Public Management Journal*, 11, 4, 463-480.

[34]   DiMAGGIO, P.J., POWELL, W.W. (1983). « The Iron Cage Revisited : Institutional Isomorphism and Collective Rationality in Organizational Fields ». *American Sociological Review*, 48, 2, 147-160.

[35]   DESROSIERES, A. (1993). *La politique des grands nombres. Histoire de la raison statistique*. Paris, La Découverte.

Admis au sein d'une organisation, un outil de gestion est alors considéré comme la bonne marche à suivre, sinon comme un *one best way*. À travers un processus de construction sociale de la réalité[36], les instruments présentent la vertu d'être légitimes et peuvent, dès lors, ne pas être remis en cause. En d'autres mots, les outils de gestion sont des « institutions », des « conventions » dont on observe le caractère structurant au niveau des comportements et des manières de penser. Pour illustration, l'introduction des nouvelles normes comptables[37] au niveau européen a eu pour impact de transformer et de légitimer une vision de l'entreprise, non pas définie comme produisant des marchandises, mais comme une marchandise en soi dont les marchés font commerce.

Comme on le voit, les outils de gestion tels que des mesures, des indicateurs, des graphiques ou encore des méthodes dégagent une force de vérité qui tend à désarmer toute critique. Pour certains auteurs, ces mesures conduisent même à une neutralisation des débats publics[38]. Ils légitiment en tout cas une vision de la réalité et définissent dès lors ce qui est de l'ordre de l'admissible. Dans cette optique, la mise en place d'une instrumentation de gestion pose la question de savoir qui participe à la définition des outils légitimes, qui a voix au chapitre quant aux nouvelles règles qui en découlent. Si les outils agissent par prescription des pratiques, ils fonctionnent également par « enrôlement »[39] dans un système d'action déterminé. Un enrôlement, dans le sens où les acteurs se voient attribuer un nouveau rôle dans un cadre de normes qu'ils n'ont pas nécessairement contribué à développer.

Construire une réalité partagée n'est toutefois pas uniquement néfaste pour l'action. Au contraire, pour résoudre un problème, il faut tout d'abord que les acteurs s'entendent sur une définition commune du problème à traiter. On remarquera tout d'abord que convaincre des objectifs en jouant sur l'énoncé de ces conventions[40] constitue une des fonctions d'un leader (voir schéma 60). Par ailleurs, autour d'un outil, sont favorisées les possibilités

[36] BERGER, L., LUCKMANN, T. (1966). *The Social Construction of Reality : A Treatise in the Sociology of Knowledge*. New York, Anchor Books.

[37] CHIAPELLO, E. (2005). « Les normes comptables comme institution du capitalisme. Une analyse du passage aux normes IFRS en Europe à partir de 2005 ». *Sociologie du travail*, 47, 362-382.

[38] OGIEN, A. (2013). *Désacraliser le chiffre dans l'évaluation du secteur public*. Versailles, Quae.

[39] CALLON, M. (1986). « Éléments pour une sociologie de la traduction ». *L'année sociologique*, 36, 169-208.

[40] AMBLARD, M. (2003). *Convention et Management*. Louvain-la-Neuve, De Boeck.

de discussion et d'échange[41]. Les outils ont ainsi cette caractéristique d'offrir une prise sur l'action collective : ils sont en ce sens des « investissements de forme »[42] permettant aux acteurs de réduire l'incertitude sur les comportements respectifs par à la mise en place de normes stabilisant les jeux. Un aménagement de l'environnement organisationnel par des investissements de forme permet ainsi aux acteurs de prendre appui sur des outils que l'on peut comparer à des « points saillants »[43], des repères susceptibles d'étayer des jugements en l'absence d'un monde communément défini.

4.5 Des instruments de contrôle, de régulation et de transformation

Comprendre un outil de gestion implique de considérer tant son pôle technique – à savoir sa structure, sa fonctionnalité, sa force de problématisation – que son pôle social – c'est-à-dire son inscription au sein des jeux d'acteurs ainsi que ses effets sur les pratiques, sur les comportements et les cadres normatifs. Les pages précédentes nous ont toutefois montré que ces deux pôles sont en interdépendance : un outil n'est jamais techniquement ou socialement neutre.

D'une part, les outils modifient les comportements individuels et collectifs. D'autre part, les outils sont modifiés au fil des négociations et des appropriations successives au sein de situations de gestion[44]. Cette première ambivalence des outils de gestion se manifeste, en d'autres mots, au travers de mécanismes « d'affordance » – terme désignant une propriété des outils à contraindre l'action sans nécessairement la déterminer[45] – et par des agencements d'acteurs[46].

---

[41] PORTER, T. (1995). *Trust in Numbers : The Pursuit of Objectivity in Science and Public Life*. Princeton, Princeton University Press.

[42] THEVENOT, L. (1985). « Les investissements de forme ». *Cahier du centre d'études de l'emploi*, 21-71.

[43] SCHELLING, T.C. (1966). *The Strategy of Conflict*. Cambridge, Cambridge University Press.

[44] GIRIN, J. (1996). « Les agencements organisationnels ». In CHARUE-DUBOC, F. *Des savoirs en action*. Paris, L'Harmattan, 233-279.

[45] GIBSON, J.J. (1979). *The Ecological Approach to Visual Perception*. London, Lawrence Erlbaum.

[46] JARZABKOWKI, P., KAPLAN, S. (2015). « Strategy Tool-in-use : a Framework for Understanding "Technologies of Rationality" in Practice ». *Strategic Management Journal*, 36, 537-558.

Un axe de lecture complémentaire se situe au niveau de la double nature des outils de gestion au regard de l'action : ils sont non seulement contraignants dans la mesure où ils limitent le champ des possibles et de l'admissible mais ils sont également habilitants dans le sens où ils offrent aux acteurs un point fixe aux échanges et à la coopération. En ce sens, un outil de gestion est également à envisager comme un support pour l'action et l'apprentissage[47]. Les instruments ne sont donc pas uniquement des vecteurs d'inertie organisationnelle mais, au contraire, des opportunités de changement[48].

Dans une approche managériale, les outils de gestion montrent dès lors leur plus-value dans une triple perspective : à savoir celles du contrôle, de la régulation mais aussi de la transformation. Premièrement, dans une perspective de contrôle, la finalité d'un outil est de rationaliser un monde environnant ainsi que les volontés de le comprendre et de l'orienter. Un outil sert alors à poser des choix et à formuler une ligne de conduite face au complexe. En plus de contribuer à la résolution de problèmes, les outils sont également à l'œuvre lorsqu'il s'agit d'aligner les comportements et les cadres cognitifs à l'échelle d'une organisation. Par effets de prescription ou de vérité, les acteurs en viennent à calculer et à agir dans les termes des outils mis en place : les instruments redessinent alors les intérêts, les motivations et les processus de décision. Ce mécanisme peut toutefois, il est vrai, s'exprimer dans un sens qui reflète des options dominantes ou des stratégies d'acteurs. Un premier danger concernant cette finalité de contrôle se situe par conséquent dans une utilisation délibérément idéologique ou partisane des outils, consistant à imposer un point de vue plutôt qu'à traiter un problème.

Un outil sera toujours de surcroît un « abrégé »[49], une réduction de la réalité. Par effets de limitation, l'utilisation d'un outil implique par définition de ne pouvoir traiter qu'une partie de la complexité du monde. Ce constat est particulièrement important dans la mesure où la performance (voir schéma 2) d'une organisation publique implique justement de prendre en compte une diversité de points de vue. Ainsi, la perspective du contrôle pose nécessairement la question des conditions et des limites de l'efficacité des outils de gestion au risque de réactiver les réflexes bureaucratiques.

---

[47] MOISDON, J.-C. (1997). *Du mode d'existence des outils de gestion*. Paris, Seli Arslan.

[48] DAVID, A. (1998). « Outils de gestion et dynamique du changement ». *Revue française de gestion*, sept.-oct., 44-59.

[49] RIVELINE, C. (1991). « Un point de vue de l'ingénieur sur la gestion de l'organisation ». *Annales des mines*, décembre, 50-62.

Ensuite, les outils jouent également un rôle dans une perspective de régulation. Pour illustration, les démarches de certification de la qualité (voir schémas 21 et 22) constituent des exemples-types d'outils de régulation basés sur la mise en place de normes et de conventions[50]. À la différence de la perspective précédente, il ne s'agit pas uniquement d'une forme de régulation strictement orientée sur le contrôle des comportements et des systèmes. En effet, *a contrario*, la mise en place d'un outil ne supprime pas totalement les possibilités de le réinterpréter. Ainsi, dans le cas de la mise en place de normes standardisées, les acteurs adaptent ces normes externes au regard de leurs systèmes d'intérêts et de valeurs[51]. On assiste donc à des formes de « régulation conjointe »[52] dans le sens où ces outils deviennent des compromis légitimes et partagés entre les différents groupes au sein d'une organisation.

Dans un autre vocabulaire, les outils de gestion sont alors vecteurs de coordination. Autour d'un outil, s'installe ce que l'on peut qualifier de « solidarités techniques »[53]. Pour reprendre l'exemple des scénarios stratégiques, leur élaboration collective constitue un moyen d'échange entre différents niveaux hiérarchiques ou entre des niveaux centraux et décentralisés[54] qui ne se parlaient pas nécessairement. On retrouve ici l'idée des outils de gestion comme « objets-frontières »[55], à savoir des objets à la fois adaptables aux différents points de vue mais suffisamment robustes pour maintenir leur identité et leur finalité. Les exemples sont ainsi pléthore d'outils permettant d'initier, de développer et de maintenir un système de relations : on retiendra parmi d'autres les schémas techniques[56],

---

[50]   BRUNSSON, N., RASCHE, A., SEIDL, D. (2012). « The Dynamics of Standardization : Three Perspectives on Standards in Organization Studies ». *Organization Studies*, 33, 5-6, 613-632.

[51]   LOZEAU, D., LANGLEY, A., DENIS, J.-L. (2002). « The Corruption of Managerial Techniques by Organizations ». *Human Relations*, 55, 5, 537-564.

[52]   REYNAUD, J.-D. (1988). « Les régulations dans les organisations : régulation de contrôle et régulation autonome ». *Revue française de sociologie*, 29, 1, 5-18.

[53]   DODIER, N. (1995). *Les hommes et les machines, la conscience collective dans les sociétés technicisées*. Paris, Métailié.

[54]   GRANT, R.M. (2003). « Strategic Planning in a Turbulent Environment : Evidence from the Oil Majors ». *Strategic Management Journal*, 24, 6, 491-517.

[55]   STAR, S. (1989). « The structure of ill-structured solutions : boundary objects and heterogeneous distributed problems solving ». In GASSER, L., HUHNS, M. (Eds.). *Distributed artificial intelligence*. London, Pitman.

[56]   HENDERSON, K. (1991). « Flexible Sketches and Inflexible Data Bases : Visual Communication, Conscription Devices, and Boundary Objects in Design Engineering ». *Science, Technologies and Human Values*, 16, 4, 448-473.

des méthodes comptables[57] ou encore les outils de planification de projet (matrices GANTT ou PERT)[58].

En bref, la nature collaborative des outils permet de susciter les échanges et d'asseoir la coordination entre des acteurs appartenant à de multiples niveaux. Cette plus-value des outils de gestion dépasse en outre l'échelle organisationnelle dans la mesure où ils offrent une solution à la fragmentation de l'action publique[59]. Pour illustration, la notion de « courbe d'apprentissage » – que l'on peut définir comme un mécanisme de réduction des coûts de production en fonction du nombre cumulé d'unités produites (relation coût-quantité) – a constitué pendant les années de conflit mondial 1940-1945 un vecteur de coordination des efforts de guerre en matière de production d'avions et de bateaux entre divers acteurs tels que les autorités administratives et politiques, le monde militaire et les secteurs industriels[60]. Les outils de gestion sont à ce titre des outils essentiels dans la poursuite des enjeux de gouvernance.

Enfin, dans une perspective de transformation, les outils montrent en corollaire leur intérêt dans le sens où ils sont des supports à l'apprentissage des individus et des groupes. Des travaux déjà anciens menés au sein des laboratoires de recherche[61] ont montré l'importance d'outils tels que les documents de traçabilité ou les tableaux statistiques pour l'action collective et la construction de nouveaux savoirs. Ces objets n'ont en effet pas qu'un contenu matériel mais également une portée relationnelle puisqu'ils impliquent une mise en relation des acteurs et l'émergence de nouvelles connaissances. Ce qui est à souligner ici n'est pas tant le caractère formel et explicite de cette connaissance mais surtout le processus de construction induit par les outils (voir schéma 48)[62].

L'efficacité d'un outil est dès lors à évaluer à l'aune de son potentiel d'apprentissage. Pour illustration, les cartes de processus décrivant

---

[57]   BRIERS, M., CHUA, W.F. (2001). « The Role of Actor-Network and Boundary Objects in Management Accounting Change : a Field Study of an Implementation of Activity-based Costing ». *Accounting, Organizations and Society*, 26, 237-269.

[58]   YAKURA, E.K. (2002). « Charting Time : Timelines as Temporal Boundary Objects ». *Academy of Management Journal*, 45, 5, 956-970.

[59]   VITRY, C., CHIA, E. (2016). « Contextualisation d'un instrument et apprentissages pour l'action collective ». *Management & avenir*, 83, février, 121-141.

[60]   GARCIAS, F. (2016). « Destins de la courbe d'apprentissage : heurs et malheurs d'une technologie managériale de guerre en temps de paix ». *Entreprises et histoire*, 85, 26-39.

[61]   LATOUR, B. (1994). « Une sociologie sans objet ? Remarques sur l'interobjectivité ». *Sociologie du travail*, 4, 587-608.

[62]   BELAND, D., HOWLETT, M. (2016). « How Solutions Chase Problems : Instrument Constituencies in the Policy Process ». *Governance*, 29, 3, 393-409.

le design d'une organisation offrent non seulement la possibilité d'une visualisation rapide d'une structure organisationnelle mais aussi l'opportunité d'une meilleure compréhension des interdépendances entre plusieurs départements. Dans le cadre de projets de réorganisation ou de changement, ces cartes sont également des supports de communication et de clarification des directions stratégiques envisagées[63]. Les outils de gestion sont alors un socle structurant les « dynamics capabilities »[64] permettant à une organisation d'adapter ses compétences afin de répondre aux besoins de son environnement.

---

[63]   FENTON, E.M. (2007). « Visualising Strategic Change : The Role and Impact of Process Maps as Boundary Objects in Reorganisation ». *European Management Journal*, 25, 2, 104-117.

[64]   PIENING, E.P. (2013). « Dynamics Capabilities in Public Organizations ». *Public Management Review*, 15, 2, 209-245.

CHAPITRE 5

Conclusion

La gestion des organisations publiques se transforme au rythme des évolutions de l'action publique. Les principes et les méthodes du management public, présentés dans l'ouvrage, ont ainsi vocation à accompagner ces transitions. Un bref regard rétrospectif sur les enjeux passés des structures publiques nous rappelle combien il était question d'assurer la régularité des approches, la conformité des prises de décision mais aussi, souvent, d'affirmer une distance avec la société civile. Les solutions managériales se voulaient dès lors relativement simples : la prégnance des règles de droit, un accent sur la parcellisation des tâches et sur la hiérarchie ou encore une volonté de centralisation étaient les maîtres-mots des structures bureaucratiques. Le pari de ce livre est d'avoir compilé et évalué une série d'outils de gestion permettant d'envisager d'autres dynamiques.

Pour autant, l'approche par les instruments n'est pas neuve[1]. Elle implique néanmoins, désormais, de définir leurs conditions d'efficacité, le pourquoi et les limites dans lesquelles ils peuvent être utilisés[2]. Les pages précédentes nous ont en effet montré combien une confiance excessive dans les vertus des outils de gestion peut être néfaste à la gestion elle-même. Il s'agit ainsi d'évaluer *ex ante* les effets pervers, les coûts cachés mais aussi les conséquences du choix et de l'implémentation d'instruments spécifiques. Pour le dire autrement, la sélection d'un outil n'a de sens que par rapport à une finalité particulière dans un contexte particulier, et non pas simplement au regard de leur réputation, de leur simplicité apparente ou de leur disponibilité.

Il ressort de ces simples constats une exigence nouvelle en matière de compétences des gestionnaires publics. En plus d'outils classiques

---

[1]   AGGERI, F., LABATUT, J. (2010). « La gestion au prisme de ses instruments. Une analyse généalogique des approches théoriques fondées sur les instruments de gestion ». *Finance Contrôle Stratégie*, 13, 3, 5-37.

[2]   WRIGHT, R.P., PAROUTIS, S.E., BLETTNER, D.P. (2013). « How Useful Are the Strategic Tools We Teach in Business Schools ? ». *Journal of Management Studies*, 50, 1, 92-125.

visant à l'autorité ou à l'incitation, il est aussi question de pouvoir mobiliser des instruments créateurs de capacités d'action et de changement[3]. Privilégier les outils qui permettent des transformations et des apprentissages collectifs semble en effet au cœur des enjeux de gestion des interdépendances entre parties prenantes, de mise en place de réseaux ou encore de définition des valeurs publiques. L'utilisation d'outils de gestion implique alors de se détacher d'une vision strictement fonctionnelle ou instrumentale pour adopter une rationalité « communicationnelle »[4], orientée sur la fabrication de compromis entre des niveaux multiples, d'une vision commune entre des positions antagonistes[5]. L'outil de gestion n'est plus dès lors uniquement l'instrument entre des fins et des moyens mais le support autour duquel peuvent se construire des référentiels partagés.

Comme énoncé, cette perspective s'inscrit pleinement dans le mouvement des mutations profondes que subit le modèle bureaucratique. Les organisations post-bureaucratiques privilégient en effet la mise en exergue des missions à atteindre plutôt que des règles à respecter ; elles se déploient à travers des frontières perméables, à l'inverse de structures aux limites prédéfinies ; elles développent des formes d'influence basées sur la persuasion et la conviction au détriment de modèles hiérarchiques ; et enfin, les organisations post-bureaucratiques sont plutôt en recherche de changement que de continuité.

On le sait, la bureaucratie trouve son origine sémantique dans le « tapis », puis par extension la « table » et ensuite le « lieu où l'on fait les comptes »[6]. Étrange parallèle avec des modèles de gestion publique plus contemporains prônant moins la production que la reddition de comptes. C'est dans cet esprit que l'ouvrage s'est intéressé aux domaines de la stratégie, de l'organisation, du développement personnel et du changement.

Le rôle particulier des outils de gestion a été longuement abordé. Dans le cadre de ce mouvement général de transformation des organisations

---

[3] ELMORE, R.F. (1987). « Instruments and Strategy in Public Policy ». *Policy Studies Review*, 7, 1, 174-186.

[4] HABERMAS, J. (1987). *Théorie de l'agir communicationnel*. Paris, Fayard.

[5] CHANUT, V., GUIBERT, N., ROJOT, J., DUBOIS, P.-L. (2011). « Les limites de la rationalité limitée ? Un essai de réflexion en sciences de gestion ». *Management & Avenir*, 8, 48, 97-117.

[6] BUSINO, G. (1993). *Théories de la bureaucratie*. Paris, PUF.

publiques, les outils peuvent être qualifiés de « dispositifs heuristiques »[7], d'instruments par lesquels d'autres voies, d'autres approches peuvent être explorées. Nombre des outils présentés ont en effet pour point commun de tenter d'ouvrir des perspectives vers une plus grande maîtrise des enjeux contemporains de la gestion publique : il ne s'agit plus uniquement d'établir des institutions en charge de la « chose publique » mais d'en assurer l'efficience organisationnelle et les capacités à interagir avec un environnement sociopolitique.

Toutefois, ces outils ne sont en rien des « Deus ex-machina » offrant des réponses standardisées à des problèmes spécifiques. Ainsi, nous pouvons conclure qu'en matière de management public, il n'existe pas de « best practices » en soi. Comme déjà souligné au début de notre parcours, la sélection et l'utilisation d'un instrument n'ont de pertinence qu'au regard d'un contexte et de besoins spécifiques.

Dans ce cadre, l'ouvrage se veut un plaidoyer pour le développement d'un « art et pratique de l'instrumentation de gestion publique ». Au fil des pages, nous avons pu en effet parcourir les forces et les limites ainsi que les effets pervers de différents outils : ils ne sont donc pas tout-puissants à résoudre les problèmes de l'action publique. Toutefois, tel un artisan disposant d'une diversité d'instruments utiles à l'exercice de son métier, un gestionnaire public peut quant à lui structurer son action sur des outils visant à la performance publique, favorisant la gouvernance et renforçant le « publicness ».

Puisque les instruments du management public sont à disposition pour contrôler, réguler et transformer, il est désormais temps d'apprendre à les mettre en œuvre.

---

[7] DE JONG, J., DOUGLAS, S., SICILIA, M., RADNOR, Z., NOORDEGRAF, M., DEBUS, P. (2017). « Instruments of Value : Using the Analytic Tools of Public Value Theory in Teaching and Practice ». *Public Management Review*, 19, 5, 605-620.

Table des figures

Index

Business & Innovation

La création de nouvelles activités, de nouveaux modes de production et de consommation, de nouveaux biens et services, de nouveaux marchés, de nouveaux emplois, etc. repose aussi bien sur l'action héroïque des entrepreneurs que sur la stratégie des grandes entreprises qui se déploient sur une échelle mondiale. L'innovation et les affaires sont intrinsèquement liées. Trois grandes thématiques seront particulièrement privilégiées : Entrepreneuriat, entreprise, innovation et développement durable ; Innovation et réseaux ; L'Innovation dans un contexte global. Les rapports synergiques entre entrepreneuriat innovant, stratégies des firmes et politiques d'innovation est un axe majeur dans le changement des paradigmes technologiques et la modification des structures économiques et sociales des pays riches et moins riches. Dans la collection sont publiés en français ou en anglais des ouvrages d'économie, de management et de sociologie de l'innovation, du changement et de l'entrepreneur dans une perspective locale, nationale et internationale.

La collection bénéficie de l'appui du Réseau de Recherche sur l'Innovation.

Directeurs de la collection :

Dimitri UZUNIDIS, Blandine LAPERCHE, Sophie BOUTILLIER :
Université du Littoral (France), Seattle University (États-Unis)
et Wesford Business School (Lyon, Genève, France, Suisse),
Réseau de Recherche sur l'Innovation.
Jerry COURVISANOS : University of Ballarat (Australia),
Research Network on Innovation.

Comité scientifique

P. ARESTIS, Cambridge (United Kingdom)
S. BOUTILLIER, Littoral Côte d'Opale
L.C. BRESSER PEREIRA, Getulio Vargas Foundation (Brazil)
D. CAMPBELL, University of Klagenfurt (Austria)
E.G. CARAYANNIS, George Washington U (États-Unis)

Titres parus

Vol. 20 – Benoît Bernard, *Management Public. 65 schémas pour analyser et changer les organisations publiques*, 2018.

Vol. 19 – Dimitri Uzunidis (dir.), *Recherche académique et innovation. La force productive de la science*, 2018.

Vol. 18 – Jean Vercherand, *Le marché du travail. L'esprit libéral et la revanche du politique*, 2018.

Vol. 17 – Dominique Desjeux (dir.), *L'empreinte anthropologique du monde. Méthode inductive illustrée*, 2018.

Vol. 16 – Sophie Boutillier, *Entrepreneuriat et innovation*, 2017.

Vol. 15 – Arvind Ashta, *Microfinance. Battling a Wicked Problem*, 2016.

Vol. 14 – Jean Vercherand, *Microéconomie. Une approche critique : Théorie et exercices*, 2016.

Vol. 13 – Réseau de Recherche sur l'innovation, Blandine Laperche (dir.), *Géront'innovations. Trajectoires d'innovation dans une économie vieillissante*, 2016.

Vol. 12 – Société Internationale Jean-Baptiste Say, Dimitri Uzunidis (dir.), *Et Jean-Baptiste Say… créa l'Entrepreneur*, 2015.

Vol. 11 – Faïz Gallouj, François Stankiewicz (dir.), *Le DRH innovateur. Management des ressources humaines et dynamiques d'innovation*, 2014.

Vol. 10 – Charlotte Fourcroy, *Services et environnement. Les enjeux énergétiques de l'innovation dans les services*, 2014.

Vol. 9 – Rémy Herrera, Wim Dierckxsens, Paulo Nakatani (eds.), *Beyond the Systemic Crisis and Capital-Led Chaos. Theoretical and Applied Studies*, 2014.

Vol. 8 – Réseau de Recherche sur l'Innovation, Sophie Boutillier, Joëlle Forest, Delphine Gallaud, Blandine Laperche, Corinne Tanguy, Leïla Temri (dir.), *Principes d'économie de l'innovation*, 2014.

Vol. 7 – Michel Santi, *Capitalism without Conscience*, 2013.

Vol. 6 – Arnaud Diemer, Jean-Pierre Potier, *Léon Walras. Un siècle après (1910-2010)*, 2013.

Vol. 5 – Sophie Boutillier, Faridah Djellal, Dimitri Uzunidis (Réseau de Recherche sur l'Innovation) (dir.), *L'innovation. Analyser, anticiper, agir*, 2013.

Vol. 4 – Aurélie Trouvé, Marielle Berriet-Solliec, Denis Lépicier (dir.), *Le développement rural en Europe. Quel avenir pour le deuxième pilier de la Politique agricole commune ?*, 2013.

Vol. 3 – Sophie Boutillier, Faridah Djellal, Faïz Gallouj, Blandine Laperche, Dimitri Uzunidis (dir.), *L'innovation verte. De la théorie aux bonnes pratiques*, 2012.

Vol. 2 – Faridah Djellal, Faïz Gallouj, *La productivité à l'épreuve des services*, 2012.

Vol. 1 – Abdelillah Hamdouch, Sophie Reboud, Corinne Tanguy (dir.), *PME, dynamiques entrepreneuriales et innovation*, 2011.